李晓鹏 著

先秦上古一万年

团结出版社

图书在版编目（ＣＩＰ）数据

先秦上古一万年 / 李晓鹏著 . 一北京：团结出版
社，2024.1（2024.2 重印）
ISBN 978-7-5234-0366-2

Ⅰ.①先… Ⅱ.①李… Ⅲ.①中国历史－先秦时代②
中国历史－上古史 Ⅳ.①K22②K21

中国国家版本馆 CIP 数据核字 (2023) 第 162410 号

出 版：团结出版社
（北京市东城区东皇城根南街 84 号 邮编：100006）
电 话：（010）65228880 65244790（出版社）
（010）65238766 85113874 65133603（发行部）
（010）65133603（邮购）
网 址：http：//www.tjpress.com
E-mail：zb65244790@vip.163.com
tjcbsfxb@163.com（发行部邮购）
经 销：全国新华书店
印 装：三河市东方印刷有限公司

开 本：170mm×240mm 16 开
印 张：12.25
字 数：192 千字
版 次：2024 年 1 月 第 1 版
印 次：2024 年 2 月 第 2 次印刷

书 号：978-7-5234-0366-2
定 价：49.00 元

目录

文明肇始：智人起源与盘古女娲的传说

现代物理学认为，宇宙起源于一场没办法说清楚原因的大爆炸。数百亿年前，一个比一颗灰尘还要小的奇点突然爆炸，炸出了宇宙万物，包括空间。奇点为什么会爆炸，爆炸之前宇宙是个什么样，没人说得出来。这只是一个假说，有一些科学依据但无法被证实。

大爆炸之后，又过了很久很久，大约在四五十亿年前，太阳系和地球才开始出现。地球上的生命大概在35亿年前开始出现。35亿年之前的历史，是物理学研究的范围，生命出现以后的历史，就是古生物学研究的范围。

最早会两条腿直立行走的古代猿人，大概出现在500万年前。之后的历史，就不再是古生物学的研究范围，而是古人类学的研究范围。古猿出现之后的几百万年间，地球上不同地区不断出现各种原始人类。按照生物学的分类，现代人类的祖先是智人，是人这个"属"里边唯一生存下来的分支，历史上至少还出现过其他16个分支，但只有智人这一支活到现在，其他的全都灭绝了。智人可能起源于10多万年前的非洲，然后开始向世界各大洲扩张，大概在五六万年前进入今天的中国境内。

中国境内的古人类活动史非常久远，而且分布范围很广，最早可以追溯到距今170万年前的云南元谋人，此外还有距今70万年至115万年的陕西蓝田人，距今50多万年前的北京猿人，距今约20万年的陕西大荔人，等等。这些古人类最后都被来自非洲的晚期智人取代了。但他们也有一部分基因和文化保留了下来。今天的中国人主要是晚期智人的后代，也保留了一些其他中国境内古人类的基因特征。

我们讲中华文明的历史，属于人文历史学，应该从哪里开始研究呢？应该是人类进入文明社会开始。人类进入文明社会应该以什么为标志？这就众说纷纭了，有人说要从有文字开始，有人说要从有王权开始，有人说要从有青铜器开始，也有人说要从学会制造和使用工具开始。从文字、青铜器、王权开始的标准都有点太高了，历史也很短；制造和使用工具，标准又有点太低——除了智人以外，其他人种应该也都会制造工具，甚至黑猩猩也可以制造和使用简单的工具。比如它会折断一根树枝再修理干净，用舌头舔一舔，让树枝沾上唾液，伸进蚂蚁洞里去吸引蚂蚁爬到树枝上，再把树枝抽出吃掉蚂蚁。这根树枝就是黑猩猩制造的工具。

区分原始人和文明人的标志，应该是会不会从事农业生产活动。所谓农业生产，就是通过劳动来创造可供自己消费的食物，比如培育种植农作物、驯化野生动物来饲养等。不从事农业生产，只会捕猎或者采摘野果为生的人只能是原始人，跟野兽差别不大。野兽也会捕猎，狼群还会高度协作地捕猎；猴子靠采摘为生，还能形成规模庞大的猴群组织，内部存在稳定的等级制度和分工。但没有任何野兽会从事农业生产活动。原始人类如果只会狩猎、采摘，不会耕作与养殖，就跟狼群、猴群没有太大区别，只是协作程度更高而已。只有学会从事生产活动，人类才跟其他动物有了根本性的区别，也才可以创造出足够多的剩余食物来供养一些完全脱离农业生产的人，去从事政府管理、发明文字、制造青铜玉器、研究科学和艺术，等等。农业生产活动，是人类迈入文明社会的根基和关键标志。

从农业生产活动开始，人类就从原始人变成文明人，历史研究就进入人文历史学的范畴，古人类学、古生物学都还会发挥一些作用，但不再是主要的了。我们主要是通过文物和史料来学习历史，而不是通过古生物化石和古人类骨骼。

中国地区的人类进入文明社会的时间，应该是全世界最早的之一。在今天中国湖南南部的玉蟾岩这个地方，考古学家发现了世界上最早的人工种植水稻遗存，年代为距今1.2万年至1.8万年。这种水稻不是野生稻，经过人工培育改良，足以证明农业生产活动的出现[①]。

中华文明史的源头，因此也就最早可以追溯至距今1.2万年至1.8万年之间。

科学与考古里的中华文明的源头明确了，我们再来看神话与传说里的中华文明之源，并努力寻找它们之间的交集。

中华民族的神话故事，可以从盘古开天辟地说起。盘古开天辟地，是中华文明中世界观的起点。

这个神话大体是这样的：最开始，宇宙一片混沌，没有光明和黑暗，也没有太阳和星辰，盘古拿着一把巨大的斧头，把混沌劈成两半，轻盈的物质上升成了天，沉重的物质下降成了地。后来，盘古又觉得这个一分为二的世界还是太枯燥乏味，就挖出自己的眼睛，变成太阳和月亮，献出自己的鲜血，变成大海和河流，把肌肉变成土壤，把骨头变成大山。盘古牺牲自己，把一个无聊的世界变成一个生机勃勃的世界。

有人说了，盘古开天辟地那是神话，是古人瞎编的，有什么意义呢？我们要这样想：关于世界起源的故事那么多，全世界各个民族都有自己的故事。西方古人就相信《圣经》里边说的，世界是上帝在七天之内创造的，最后一天创造了人。日本古人就相信世界是他们的天和大神创造的。为什么中华民族的创世神话传承到今天，最被广泛传播的，是盘古开天辟地？我们的祖先为什么不编个其他别的什么故事来讲呢？中国历史上，肯定出现过很多很多关于谁创造了世界的故事。这些故事一代一代地讲下来，经过几千年，大部分都被遗忘了，盘古的故事保留了下来，存在的时间最长、流传的范围最广。这是为什么？或者说，这反映了我们中华民族什么样的文化特征？这才是盘古神话的意义所在。

盘古开天辟地的故事，跟西方基督教讲的上帝创造世界的故事有什么本质的区别呢？

[①] 张文绪、袁家荣：《湖南道县玉蟾岩古栽培稻的初步研究》，《作物学报》1998年第4期。距今1.2万年为稻作标本碳14测年所获得的数据，当为年代下限。日本学者安田喜宪根据陶片等其他考古发现间接推断，玉蟾岩古人稻作时间最早可能为1.7万年前。刘志一在《稻作农业起源新证》中综合各方研究，认为玉蟾岩稻作的最早起源为距今1.8万年左右，以此结论作为稻作起源的年代上限。

它们最大的区别是：盘古在创造世界以后，死了。

西方的上帝，依靠神力创造世界，啥都没牺牲，创造了世界之后也没有死，而是变成世界的最高神，永远统治这个世界。全世界的生物包括人类，都要信仰上帝、敬奉上帝，谁不供奉上帝，他就让谁下地狱，还要拿雷去劈他、拿火烧他、制造大洪水淹死他全家。总之，中华民族的创世神盘古是一个英雄；《圣经》里边的上帝是个高高在上的统治者，就像一个暴君，甚至可以说有点过度贪婪、凶狠残酷。中华民族的文化基因，就是敬仰为国为民做出牺牲的英雄，鄙视那些居功自傲、躺在功劳簿上作威作福的家伙。上帝的这种做法，就是被中国人鄙视的对象。中国神话传说中，天庭的最高统治者——玉皇大帝基本都是昏庸无能的形象。中华文明几千年历史发展下来，选择了盘古而不是上帝或者玉皇大帝作为创世神，是中华文明的根本特征导致的。唯物主义告诉我们，是人创造了神，不是神创造了人。我们中国人是什么样的人，就创造了什么样的神。

顺着这个思路往下看，盘古开天辟地以后，我们中国的传说就是女娲造人。在中国人眼里，人类是由一位伟大的女性神创造的，带着强烈的母性光辉。我们中国人来到世界上，首先就要感谢母亲、感谢女性的付出。这非常有人情味。再看《圣经》里边人是怎么来的。还是上帝创造的，先创造男人，叫亚当，再用亚当的一根肋骨创造了女人，叫夏娃。女人天生就比男人低一等，是男人的附庸。而且女人还会引诱男人学坏，诱惑他偷吃上帝的苹果，结果被发现了，被上帝赶出伊甸园，到世上去受苦。所以人一来到世界上，就有原罪。我们中国的传统文化就不讲这一套：人在天地间，为父母所生养，凭劳动吃饭、凭良心做事，凭什么说我有什么"原罪"？这是一种人格侮辱。我们有没有做错过事情？做过。有没有个人的欲望？肯定有。但做错事不等于犯罪。没有杀人放火、奸淫掳掠，知错能改，在满足自己欲望的同时不去危害社会还给社会做贡献，我们就绝不应该承认自己有"罪"。要说人天生欠父母的那是对的，非要说人人都天生就欠上帝的，还要认罪、赎罪，从中华传统文化的角度来看就令人难以接受。

女性神女娲不仅创造了人，还干了一件大事：天破了一个窟窿，她找来很多岩石烧化了炼成岩浆去补天，继续勤勤恳恳地为人民服务。这些事情干完以后她就归隐了、消失了，也没有去当女上帝，没有说谁不尊重她、不信仰她就杀人全家。

中国人崇拜盘古式的勇于牺牲的英雄，也崇拜女娲这种干实事不求回报的人物。

——我们读历史不能光看故事，要能看懂故事背后的深刻含义。尤其是要善于比较，很多事情只有作对比，才能看出其与众不同的方面。

盘古和女娲，一个创世一个造人，是咱们中华民族的两大神话始祖。这两位大神把世界和中国人创造出来之后，一个死了、一个归隐，接下来就是三皇五帝出场了。盘古和女娲，是神话；三皇五帝，是传说。传说和神话不一样，神话是完全虚构的，没有对应的历史人物和事件，只有文化含义；传说不是完全虚构的，背后有一些真人真事，只是由于缺乏可靠的文字记录，经过几千年口口相传，真实与虚构的故事混杂在一起，难以把它们分开。

"三皇"是哪三皇呢？有很多不同的说法，主要包括燧人氏、有巢氏、伏羲氏、神农氏等，从中挑三个出来就是"三皇"。在古代传说里边，皇和帝都不是指的人，是神仙。皇是天上直接派下来的神仙，帝是人间的英雄死后升天的神仙。"帝"字来源于"禘"。"禘"是夏商周时代祭祀远古君主的祭礼，必须是祖宗级别的君主才能享受，一般的君主都不行。后来逐渐演变，去掉"礻"字旁，用作对伟大君主的尊称。"皇帝"二字变成活着的国家最高统治者的称号，是秦始皇发明的。秦始皇之前的中国人，是把上古传说中那些帮助人类人工取火、制造房屋、制定社会和国家制度的人，当成天上派下来帮助我们的神仙，这才是"皇"的原本含义。

燧人氏，就是天上派下来教人类人工取火的神仙。原始人类最先学会用火，是打雷引起森林大火，他们把火种保存下来，把木头点燃了用灰盖起来，需要的时候再引燃。后来，有人发现，将燧石跟铁矿石碰撞可以产生火花，就可以实现人工取火。最先发明这个技术的人，就是燧人氏。

以此类推，有巢氏，就是最先发明建造房屋的人。伏羲氏，就是最先确定家庭婚姻制度的人。神农氏，就是最先发明农业耕作的人。

燧人氏、有巢氏、伏羲氏、神农氏，在传说中都是神仙下凡。他们背后有部分真实的历史可以对应。像人工取火、建造房屋这些事，总会有人第一个尝试。

"氏"这个字，在上古社会还有一个意思，就是部落，也被称为氏族。燧人氏的传说，对应的不是具体某一个人，理解为最先学会人工取火的上古氏族就更合适；有巢氏，就是最先学会建造房屋的氏族；神农氏，就是最先学会种植农作物的氏族。作为个体的"三皇"在真实的历史中不存在，但作为氏族的"三皇"则必然存在。这样理解上古传说，就能更好地与科学的考古发现对应起来。

神农氏族：从玉蟾岩古人到庙底沟时代

燧人氏、有巢氏、伏羲氏的传说，现在还难以通过考古与具体的人或氏族对应。能够跟考古证据和权威史料对应的比较好的，是神农氏。在上古传说中，神农氏出现的时间也比燧人氏、有巢氏、伏羲氏更晚，反映了人类社会先发明人工取火、建造住所、组建家庭，然后才培育农作物、从事农业耕作的发展顺序。

中国有准确文献记录的历史，要从西周开始。《史记·周本纪》里边记录说："武王追思先圣王，乃褒封神农之后于焦"——周王朝的开国帝王周武王，找到神农氏的后人，为了纪念神农氏的功绩，把他们分封到焦国。焦国具体地址在哪里，现在说不清楚。但周武王分封神农后人这件事是史实。通过分封，神农氏的传说跟可靠的历史事实直接挂钩了，西周建国的时候，还能找到神农氏的后代。

传说中的神农，是一位发明了农业耕作的神仙。从考古上进行对应，就应该是最早从事农业耕作的中华古人。中国历史上最早的农业种植，是从湖南玉蟾岩人工栽培水稻开始的，距今1.2万年至1.8万年前。这一时期，两湖地区的气候温暖湿润，昼夜温差也大，适宜农业发展。湖南玉蟾岩地区的原始人就慢慢地掌握了栽培水稻的技术。

玉蟾岩古人，就是我们中华民族最早的"神农"。

此后，水稻的人工栽培技术就以湖南南部为起点，向四面八方传播，传遍了中华大地。其中比较重要的传播路线有两条，一条向东、一条向北。向北的这一支，通过湖北进入关中和中原地区，被后世传说以炎帝的名义记录并流传了下来。中国人自称"炎黄子孙"，这个称谓里边，就包含了中国人是神农氏后裔的意思。向东的一支，沿着长江及其支流往长江下游传播，通过江西进入浙江，在历史传说中长期默默无闻，一直到新中国成立以后，经过考古学家几十年的辛苦努力，才被发掘了出来，并震惊了世界。

我们先讲往东的这一支。20世纪60年代，考古学家在江西上饶的仙人洞遗址，发现了距今大概1万年前的栽培水稻标本[①]。仙人洞在玉蟾岩以东800公里，水稻栽培时间比玉蟾岩晚了几千年，应该是玉蟾岩古人传播过去的。

仙人洞稻作文化又分为两支。一支北进中原，在其北方约800公里的河南贾湖和裴李岗，发现了距今约8000年的人工栽培水稻硅化标本。在贾湖遗址出土的一些动物骨头上，还发现了迄今为止最早的类文字刻画符号，有可能是甲骨文的前身。从贾湖—裴李岗再往后，中原华北地区发展出来了分布极广的大汶口文化，然后衍生出山东龙山文化，成为上古东夷氏族的起源。

另一支沿长江继续往下游传播。在仙人洞往东300多公里的浙江浦江县的上山地区，约距今9000年前，也出现了人工栽培稻。进入浙江以后，水稻种植技术遍地"开花"，距今约7000年前，浙江余姚的河姆渡古人、嘉兴的马家浜古人都掌握了比较成熟的水稻栽培技术[②]。马家浜文化继续传播发展，终于在距今5000多年前，在长江下游以南和钱塘江以北的平原上，催生了辉煌的良渚文明。

良渚文明是典型的稻作文明，它的主要农业生产活动就是种植水稻。基于水稻的种植，良渚古人建立了规模庞大的古城，城墙内的面积有大约300万平方米。这座古城跟中国西北地区的南佐古城，并列为5000年以前世界上规模最大的百万平方米级古城。中东地区的耶利哥古城也是5000年以前的，但面积只有4万平方米，跟良渚和南佐比起来连十分之一都不到。

---

① 刘志一：《稻作农业起源新证》，《农业考古》2013年第4期。仙人洞的陶片测年要早于玉蟾岩，但稻作标本测年的结果还是玉蟾岩更早一些。

② 彭博：《中国早期稻作农业遗存及相关问题》，《农业考古》2016年第1期。

　　良渚的300万平方米是城墙内面积，在城墙外还有一层低一点的坝体，与周围的水系配合形成一个外城军事防御系统。如果把外城面积也算进来，整个良渚古城的面积就会达到惊人的600万平方米，这是人类在距今4000年以前所建立的面积最大的古城，其规模要到1500年以后才会被郑州商城超过。

　　良渚古城里边有宫殿区，供贵族居住，还有手工业聚集区。代表王权的高等级墓地和玉钺也被发掘了出来，社会等级和大规模的社会分工已经出现。这些都说明良渚古人已经建立起区域性王权国家，居住在古城里边的贵族统治着长江和钱塘江下游平原的广大区域，而且和周边许多地区建立了贸易联系。

　　在良渚古城外边，发现了5000年以前世界上最大规模的水坝系统，工程土方量260万立方米，相当惊人。良渚最有代表性的出土文物是玉器，数量巨大、种类繁多，而且雕工非常精美。玉器是中华文明的独特代表，在中华文明圈的诸多上古遗址中，从岭南到漠北，从黄河上游到长江下游，都出现大量玉器，形状、花纹、工艺都有诸多相通之处。而在中华文明圈以外的地区，就很少能看到这些玉器。玉器的广泛传播，是中华文明圈形成的重要标志。良渚的玉器，代表了5000年前中华玉器的最高水准。

　　总之，不管从城市规模、社会等级、社会分工还是从工艺水准来看，良渚都是当时全世界最发达的文明之一。我们常说中华五千年文明，在良渚古城发掘出来之前，很多人不相信，说是甲骨文的历史才3000多年，怎么能说有5000年文明史？这个5000年的说法，原本是根据传世文献的记录，把神农、黄帝的活动历史都算进来的。良渚古城的考古发掘，证明我们根据文献记录推断的5000年文明史完全没有问题，而且极有可能是低估了而不是高估了中华文明的长度。良渚古城所代表的文明高度，至少要经过数千年的发展积累才可能达到。中华文明史远远不止5000年，5000年那是我们基于谦虚保守的态度所做的估计。

　　玉蟾岩的神农稻作文明往长江下游发展的势头，到良渚就到顶峰了。良渚古城在距今4000年前被毁灭，良渚文明也随之衰落。关于良渚文明，上古史料中几乎很难找到它的身影。

　　良渚古城被毁灭的时间大概是距今4500年前，这和我们根据古文献推断的黄帝称霸中原的时间基本一致。它可能是被上古传说中的黄帝或者黄帝的后人所征服，也可能是由于洪水、气候等环境变换而自然衰落。

玉蟾岩神农氏的另外一支选择了北上。

考古学家在玉蟾岩北方的彭头山—八十垱地区，发现了距今八九千年前的稻作遗存[1]。在彭头山附近的城头山，发现了距今6500年左右的稻田，是历史上最早的稻田之一[2]。水稻种植业成了当地先民的主要生产活动。城头山遗址还发现了我国考古发现的最早的古代城镇。这个城镇有3万平方米，被大型壕沟、土围和天然河道所包围，用于军事防御[3]。在古代，城就是国，"国"这个字就是被包围的区域的意思。而且，彭头山和城头山所在的地方现在叫澧县，旁边有条河古代叫澧水，澧县的名字就是这么来的。"澧"通"醴"，醴就是用稻谷发酵的甜米酒。最先发现稻田的地方，也最早出现米酒，可谓顺理成章。澧县、澧水的古代地名，也跟稻米密切相关。城头山区域应该是稻作文化北上的一个关键地点，上古时期曾经是中国稻作文明的一大中心。

神农稻作技术从彭头山继续往北迁徙，进入今天的湖北地区。在湖北秭归和宜都，考古学家发现了距今大约8000年前的城背溪稻作文化遗址。城背溪北边大概200公里，就是著名的神农架原始森林。这个神秘的地方，从古至今一直用神农的名字命名，根据传说，它名字的由来就是神农曾经在这里的大山里边架过梯子。

城背溪文化出现之后，又过了大约1000年，也就是距今7000年左右，稻作技术传入陕西地区。在城背溪西北约600公里的汉中李家村，发现了距今约7000年的稻作遗存。汉中是汉江中上游平原，自古就是四川和江汉地区进入关中平原的枢纽，距离关中平原只有一步之遥。但李家村文化并没有继续往北发展，而是在7000年前被仰韶文化半坡类型所取代——这一文化类型与上古传说中的黄帝氏族密切相关。仰韶文化与山东龙山文化碰撞交流，产生了中原龙山文化。中原龙山文化就是夏文化的直接来源。

李家村之后又过了2000年，也就是在距今5000年左右，跟良渚文明差不多

---

[1]　彭博：《中国早期稻作农业遗存及相关问题》，《农业考古》2016年第1期。

[2]　浙江余姚施岙遗址古稻田的时间是距今6700年至4500年，与城头山稻田时间接近。

[3]　唐湘岳：《城头山，中国最古老的城》，《光明日报》2015年9月21日第5版。

的时间，在位于李家村汉江段下游的丹江口一带——屈家岭和石家河这两个地方，长江中上游神农稻作文明终于发展到了顶峰。其中石家河还要晚一些，发展程度又更高一筹。它不仅拥有以水稻种植为主的农业，而且已经进入青铜时代了——良渚的玉器工艺虽然发达，但始终处在石器时代没有用上青铜，石家河不仅用上了青铜，而且玉器雕刻水平也比良渚成熟，可以说是全面超越了良渚文明。当然，它的鼎盛时期也比良渚要晚上几百年。

石家河文化的特点是形成了一个庞大的城镇群，中心古城的面积是120万平方米，护城环壕内的面积大约180万平方米。在它周围约8平方公里范围内，紧密环绕着二三十个比较小的城镇化聚落，形成一个具有密切关系的城镇聚落群体。这显示出它是一个势力相当大的部落联盟组织[1]。它不仅直接统治该聚落群体中的各个城镇聚落，而且至少还控制了方圆150公里左右的60多个其他聚落[2]。石家河古城就是当时整个江汉平原的统治中心。这也就标志着在跟良渚差不多的时期，长江中游也形成了一个早期的区域性王权国家。江汉平原交通四通八达，自古以来就是四方贸易往来的关键枢纽。石家河聚落群，是一个非常典型的集市型聚落形态，周边大大小小的城镇聚落围绕着一个中心城市，显然非常方便定期举办集市。

那么，屈家岭—石家河文化遗址的主人是谁呢？有人认为，他就是古代传说中大名鼎鼎的炎帝。

炎帝在很多古籍里边被认为跟神农是一个人。我们今天可以肯定地说，神农不可能是具体的某一个人，而是最早发明农业耕作技术的上古氏族的人格化形象。从玉蟾岩古人到仙人洞古人再到良渚古人，从彭头山古人到城背溪古人再到石家河古人，他们都属于神农一脉。炎帝也不大可能是具体的某一个人，而是炎帝氏族的代表。

石家河遗址存续的时间比较晚，不大可能是炎帝氏族。它应该是炎帝氏族北上以后，留在本地的居民又经过几百年的发展建设起来的。它对应的不是炎帝，

---

① 国家文物局：《湖北天门石家河遗址》，http://www.ncha.gov.cn/art/2022/5/26/art_2617_174539.html。
② 湖北省文物考古研究所：《大洪山南麓史前聚落调查——以石家河为中心》，《江汉考古》2009 年第 1 期。

而是史书中记载的"三苗"，在炎黄之后数百年才被大禹南下征服。

稍早一些的屈家岭文化主人则很可能与炎帝氏族有关。屈家岭文化继承了兴起于湖南的稻作文化，作为神农一脉是没有问题的。它是神农稻作文明北上进入中原的重要枢纽，而中原地区的传说将炎帝认定为发明农业耕作的神农氏，可能也就因此而来。古籍中多有炎帝"起于烈山"的说法，或者认为炎帝就是烈山氏、历山氏。烈山就是今天湖北随州的历山，距离石家河遗址和屈家岭遗址只有大约150公里。

有考古研究表明，"（炎帝氏族的祖先）在屈家岭文化时代早期，由今湖北随州市历山，沿汉水迁至今陕西渭水中上游一带"[1]。《国语》中说"炎帝以姜水成"，后世学者根据文献推断，姜水是今天渭河中上游的某条支流。考古发现与文献记录基本契合。

此外，"河南禹县谷水河第三期，以及郑州大河村第四期文化遗存中，分别出土有双腹豆、高领圈足壶、高圈足杯、盆形瓦足鼎等，与屈家岭文化的器形相同或近似，显然是屈家岭文化影响的结果。在陕西庙底沟二期文化遗存中，存在与屈家岭相同的喇叭红衣小陶杯、圆底罐形鼎等相似的器物，反映了二者相互间的联系"[2]。

也就是说，南方神农文明的势力确实在炎黄时代之前就扩张进入中原和关中地区。炎帝氏族可能是从江汉平原北上，进入关中平原，和黄帝氏族爆发了战争，并最终结成炎黄同盟。

诸多古籍记载，炎帝死了以后，葬于长沙。长沙是今天湖南省的省会，古代所称的长沙范围更广一些，一般认为炎帝埋葬的地点在今天长沙南边的株洲市炎陵县，距离玉蟾岩遗址只有300来公里。这样看来，炎帝氏族确实极有可能与发源于湖南南部的稻作文明存在密切的联系，根据古老的风俗，其首领去世以后还要回到本氏族最初的发源地埋葬。

在南方神农稻作文明往东、往北传播的同时，我国北方地区的"神农"也在

---

① 彭雪开：《炎帝出生地望考》，《湖南工业大学学报（社会科学版）》2021年第4期。

② 彭雪开：《炎帝出生地望考》，《湖南工业大学学报（社会科学版）》2021年第4期。

忙着培育其他粮食品种。

大约七八千年前，我国西北地区黄河上游的先民，掌握了稷的人工栽培技术[①]。同一时期，位于黄河下游、华北平原地区的先民掌握了人工栽培粟的技术[②]。

粟和稷都是古代的一种粮食作物。稷就是小米，有时又被称为黍，为金黄色。粟的颗粒更大一点，以金黄色的为主，也有白、红、黑等其他颜色。简单理解，可以说稷是小黄米，粟是大黄米。我们中国人常说五谷丰登，用来描述丰收，五谷就是稻、粟、稷、麦和菽（豆）。除麦子外，其他都是原产自中国[③]。

从时间先后来看，南方玉蟾岩古人和仙人洞古人培育水稻的时间最早，领先北方数千年，是最古老的"神农"。稷和粟的培育可能是西北和华北地区的先民独立培育的，也很有可能是受到南方水稻培育技术的影响。

至少在距今六七千年前，从北方的黄河流域到南方的长江流域，以及它们中间的淮河流域，中华文明的主体范围内，已经全面实现了农耕化。中华文明全面进入农耕文明时代。

农业耕作比捕猎和采集可以获得更多的食物，养活更多的人口，中华大地上也因此呈现出一片空前的繁荣景象。无数大大小小的原始氏族部落开始扩张地盘，氏族间的贸易与战争变得频繁。其中，位于中华大地中心位置的河洛平原——也就是中原地区——受益最大。在今天洛阳以西大约120公里处的三门峡地区，诞生了中国历史上第一个具有广域影响力的文化类型——庙底沟文化，将中华文明带入文化共同体时代。

庙底沟文化在考古学上被归为仰韶文化的一个类型，又叫仰韶文化庙底沟类

---

① 安志敏：《略论华北的早期新石器文化》，《考古》1984 年第 10 期。

② 黄其煦：《黄河流域新石器时代农耕文化中的作物——关于农业起源问题的探索》，《农业考古》1982 年第 2 期。

③ 五谷中的第五谷——豆，古代又被称为菽，也是最早被中国人培育出来的，毛主席诗词里边有"喜看稻菽千层浪，遍地英雄下夕烟"，这里边的稻菽就是稻米和豆类的指称。五谷里边，只有麦子是外来农作物。它最早是古埃及和中亚地区的文明培育出来的，大概在距今 4000 年传入中国，经过不断改良成了今天中国北方的主要粮食作物。粟和稷由于淀粉含量比麦子低很多，就逐渐被归为粗粮一类，吃的比较少了。

型。仰韶文化是我国上古文化的主要代表之一，主要影响范围是黄河中上游地区包括陕西、山西、甘肃东部、河南西部等地。它的考古文化特征是带有彩色条纹的陶器。其中，陕西半坡村发现的仰韶文化半坡类型是比较早的一种。庙底沟文化也主要是从半坡类型发展而来，产生了花瓣纹彩陶盆等几种很有特点的新型陶器。考古学家根据这些特色陶器的传播，发现从距今6000年开始，中华大地上经历了一次波澜壮阔的"庙底沟化"过程。

庙底沟文化诞生之后，迅速地向四面八方发展，以人口扩张为驱动力，大量向周边地区移民。西到甘肃、青海，北到内蒙古、辽宁，南到江汉地区，东到山东，东南到浙江的整个黄河、长江中上游和中下游地区，都被卷入这场考古学上的"庙底沟化"过程中。这一过程持续了至少六七百年，将中华大地变成一个彼此连接、相互影响的文化共同体①。庙底沟文化从诞生到消亡时间是距今6000年到4800年前。这一时期被称为"庙底沟时代"，甚至有人夸张地称之为"庙底沟霸权"。

庙底沟时期，中国早期的农业发展已经到了非常发达和繁荣的程度。种植业有粟、黍、豆、麻、粱、稻等各类农作物；畜牧业中的猪、牛、羊、狗、鸡等已经被驯化；林果业中的枣、梨、栗、桃等也已经开始人工栽培并被人类食用②。

很多关键的变化都在庙底沟时代发生，特别是宫殿式建筑和大型墓葬在东南西北各个区域的重大考古遗址中纷纷开始出现，标志着原始氏族向区域性王权国家的转型。良渚古城、南佐古城、石家河古城、石峁古城等大型上古城市都兴建于庙底沟时代的后期或者结束后不久。

庙底沟时代比古史传说中的黄帝和炎帝时代更早，但又晚于燧人氏、有巢氏、伏羲氏、神农氏的时代，因为人工取火、建筑房屋、组建家庭、农业耕作等都已经在这个时期之前就产生了。但庙底沟霸权所催生的文明共同体，它的地理边界与《史记》中记载的黄帝和夏商周的统治范围高度重合，为从黄帝到夏商周时期中华国家的形成奠定了基础。

---

① 韩建业：《庙底沟时代与"早期中国"》，《考古》2012年第3期。
② 《庙底沟：中国文明从这里走出》，《经济参考报》2015年4月1日。

炎黄称霸：黄帝疆域与陶寺古城

庙底沟时代结束以后，中原文化迎来了龙山文化时代。这一时代大概是距今4600年前到距今4100年前。

龙山文化诞生于黄河下游的山东、河北地区，由大汶口文化发展而来。大汶口—龙山文化在考古上，一直就是与黄河中上游的仰韶文化并列存在，二者是我国北方地区最重要的两种上古文化类型。仰韶文化的标志是彩陶，而龙山文化的标志是黑陶，也就是黑色的陶器。

黑陶和彩陶相比，重量更轻硬度更高。但要把陶土烧制成黑色，工艺难度比烧制彩陶大得多，主要是所需的温度更高而且陶胎要更薄，需要利用还原焰来烧制，还要制造出高精度的拉坯机。

黑陶烧制技术在东方被发明以后，就迅速往四面八方传播，压过了庙底沟文化的风头，甚至连庙底沟地区也受到明显的影响，庙底沟二期文化就被考古学家纳入中原早期龙山文化的范畴[①]。

中华古史传说中的炎黄时代，开始于庙底沟时代向龙山时代过渡的时期，而后来的尧舜时期则属于考古上的龙山时代晚期。

《史记》是我国传统正史"二十四史"的第一部，作者司马迁经过考证，认

① 张弛：《龙山化、龙山时期与龙山时代——重读〈龙山文化和龙山时代〉》，《南方文物》2021年第1期。

为黄帝以前的传说比较虚无缥缈、难以证实，所以《史记》的第一篇就从黄帝开始讲。《史记·五帝本纪》上先讲黄帝。

《史记》说："轩辕之时，神农氏世衰，诸侯相侵伐，暴虐百姓，而神农氏弗能征。于是轩辕乃习用干戈，以征不享，诸侯咸来宾从。"

轩辕就是指的黄帝。轩是马车上的帷幕，辕是车架跟马的连接杆。一般认为，黄帝为姬姓，轩辕氏。轩辕氏可能是最早发明使用马车的氏族。这句话的意思就是说，黄帝氏族的势力兴起的时候，神农氏的势力已经衰落了，中华大地上一片战乱，但神农氏无力控制局面。于是黄帝就发兵四处征战，谁不服打谁，最终把不服的都被打服气了，也就取代神农氏建立了霸权。

黄帝也是上古传说中的英雄人物，跟炎帝生活在同一时期。他可能是具体的一个人，也就是带领黄帝氏族夺取中原霸权的那个首领，也可能是很多位试图称霸中原的首领在传说中的一个人格化的形象。

从屈家岭向北扩张进入关中和中原的炎帝氏族，与黄帝氏族之间互相征伐，争夺关中和中原地区的霸权。最后，黄帝氏族胜利，但炎帝氏族并没有被驱赶或者赶尽杀绝，双方结成了联盟，最终融合成为一个族群——炎黄族群。

炎黄族群，是黄河上游的黄帝文明与长江中下游的神农文明融合的产物。炎黄族群融合以后，长期占据适宜农耕的关中平原和河洛平原，文明程度也领先于周边地区。他们把南边包括石家河和良渚文化在内的其他神农氏族称之为"南蛮"，把北边的氏族称之为"北狄"，把东边的氏族称之为"东夷"[1]，把西边的氏族称之为"西戎"，自己则自称华夏、中国。炎黄族群后来还建立了夏王朝和周王朝，在此基础上孕育了华夏民族，成为中华民族的主体。所以我们中国人从古至今一直自称"炎黄子孙"。长江地区最早进入农耕时代，在炎黄时代以前，它的文明发达程度甚至可能高于黄河流域。但由于缺乏广阔的、利于早期农耕的大平原，始终只有分散的众多城邦部落，未能形成广域性的王权国家。黄河文明虽然进入农耕的时间较晚，但因为相对干旱少雨，沿河平原易于开垦和土壤养分的保持，方便早期大规模农业耕作，成为中华国家形成过程中的主导力量。

---

[1] 良渚与东夷文化亦有密切联系，也有人把它归为东夷。

　　有历史学家把中华上古文明形容成"花瓣式文明"。黄河中游平原——河洛平原居中，是"花芯"；东南西北各个地方的文明就是"花瓣"，他们围绕着"花芯"一边争夺霸权一边交流融合。谁强大谁就入主中原。

　　河洛地区——也就是今天洛阳一带的黄河周边区域——之所以被称为中原，不仅因为它在地理上靠近中华文明圈的中心，还因为它处于黄河、淮河、长江这三条大河距离最为接近的区域。中华文明最重要的两条母亲河——黄河和长江都发源于青藏高原，源头非常靠近，之后就一条往北一条往南，距离越来越远。黄河往北进入蒙古高原，然后掉头南下，穿过吕梁山脉与渭河汇合，汇合之处形成关中平原，然后转头穿过崤山山脉，经过三门峡向东进入河洛平原地区；长江南下进入云南，然后转头向北，穿过四川盆地再经过三峡，从宜昌进入江汉平原。江汉平原紧靠河洛平原，宜昌到三门峡距离只有约600公里，是长江黄河发源以后距离最近的一段。两大平原中间又有大量的支流水系可供交通，淮河也在此间发源。

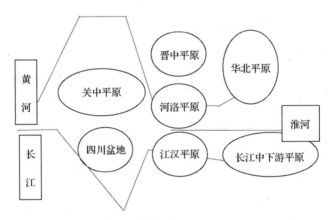

河洛平原与周边各大平原地区关系位置示意图

　　这样，河洛平原位于黄河中游，往南是淮河上游，再往南就是长江中游。从这里出发，军队可以方便地去往黄河、淮河、长江中下游地区，也就可以获得威慑这三大流域中下游地区的战略优势。要称霸或者统一中国，就必须征服河洛地区。所谓逐鹿中原就是指各方势力围绕河洛平原争夺争霸的意思。

　　黄帝氏族早期的活动中心，主要位于陕北的黄土高原地区。考古发现，大约在4700年前，一种来自陕北的陶器类型横扫了大半个北方，从黄土高原一直到河南中部，对华北地区也产生了影响。这种陶器类型代表的文化类型被称之为"庙底沟二期文化"。与此同时，北方也涌现了诸多军事性质突出的石城。这说明，庙底沟二期文化的传播过程，伴随了大规模的上古部族战争。这个过程，正好可以对应《史记》中记载的炎黄古国的扩张过程。

近年来，考古学家在黄土高原上发现了一座距今5200年至4600年的上古巨城——南佐古城。古城总面积是600万平方米，跟良渚古城大小差不多，存在的时间也很接近。西北和东南的这两座古城，是中华文明5000年历史的重要考古证据[1]。南佐古城在庙底沟二期文化开始扩张以后，就走向了消亡，它应该是被炎黄联盟所征服并摧毁的。

南佐古城遗址在西安的西北方向250公里，这个地方在古代被叫作董志塬，是黄土高原最大的一处平原，在《诗经》中被称为"大原"，又称"周原"，也是周文化的发源地。《史记》里边说"黄帝崩、葬桥山"。桥山的地点自汉朝以来历代都有记录，就在今天甘肃省庆阳市正宁县五倾塬乡，距离南佐古城遗址只有100公里，这里一直保存着一处巨大土丘，世代相传就是黄帝之墓。南佐古城如此靠近黄帝部族的故乡，也就理所当然地成为黄帝早期征伐的对象。

庙底沟二期大扩张后期，华北地区又出现了两座巨大的上古政治、经济中心——石峁古城和陶寺古城。

石峁古城在吕梁山以北，在南佐古城东北方向500公里，面向蒙古高原，面积400多万平方米，仅次于南佐古城和良渚古城，存在于距今4600年到4000年之间。它跟北方的红山文化交流融合，在考古上被称为"老虎山文化"。陶寺古城毁灭后，老虎山文化曾经一度南下控制了陶寺地区，但很快就连着石峁古城一起消失在历史长河中，没有在上古传说中留下多少痕迹。

陶寺古城则不一样，它成了考古与传说最重要的连接点。陶寺在吕梁山以南，在关中平原最靠东的边缘上。它背靠吕梁山脉，易守难攻，面向广阔的关

---

[1] 《甘肃两处文化遗址入选"考古中国"重大项目》，新华网甘肃频道，2021年12月3日。南佐古城正式发掘的时间比较晚，从2021年开始，有很多细节还有待考古学家进一步发掘研究，但它总体属于仰韶文化。南佐文化也是农耕文化，同时种植水稻、粟、稷等多种粮食作物。

中平原，往南距离三门峡只有160公里，往东穿过晋中地区进入华北平原也只有200多公里，是一个非常适合同时统治关中平原、河洛平原和华北平原的战略要地。它在20世纪70年代才被考古学家发现。

陶寺古城建城时间比石峁古城略晚，存在于距今4500年到4200年之间①。城墙面积大概是280万平方米，在它之前和同时，也只有良渚、南佐和石峁古城面积比它更大。这里发现了大型的王墓，统治者的地位相比石家河、良渚显得更为尊贵，王权统治的区域也更大。

陶寺古城应该就是传说中炎黄族群称霸的后期，黄河流域和汉江平原的统治中心②。不过，陶寺只在早期表现出庙底沟二期的文化特征，中后期则表现为来自华北山东地区的龙山文化特征。这中间必然经历过炎黄族群和东夷族群的反复斗争和融合。

随着陶寺古城的兴起，南方的石家河古城、东南方的良渚古城在几乎同一时间衰落了。广域霸权取代了区域王权，中国历史发展也就进入广域霸权时代。

《史记》里边说，黄帝的统治范围，"东至于海，登丸山，及岱宗。西至于空桐，登鸡头。南至于江，登熊、湘。北逐荤粥（xūn yù），合符釜山，而邑于涿鹿之阿"，就是向东一直到山东，到东海边，向南到达长江流域，向西到今天的甘肃平凉市崆峒山，向北进入蒙古高原与匈奴发生了战斗，东北方向到达河北涿鹿，也就是今天张家口附近。

这个记录从考古来看，可信度较高，西北的南佐古城、南边的石家河古城、北边的石峁古城、东南方向的良渚古城就在这个范围的边缘地区，它们串起来就差不多包括了《史记》记载的黄帝统治范围。而统治中心陶寺古城正好处在这个范围的中心位置。而且，这个范围也跟庙底沟霸权形成的文化共同体和庙底沟二期文化扩张的范围高度重合，在黄帝之前1000年，这个范围内的古人就普遍受到来自中原地区的庙底沟文化辐射，经过上千年的交战与交流，地理交通条件已

---

① 韩建业：《中华文明的起源》，中国社会科学出版社2021年版，第107页。

② 2020年，在河南省郑州巩义市发现的双槐树遗址被考古学家称为河洛古国，该遗址最早可以追溯到距今5300年前，最晚则大约4600年前，它可能是陶寺之前的广域或区域政治中心。目前，相关考古和测年工作还在进行中，需要等待更长时间的发掘和研究才能得出结论。

足以支撑黄帝大军的征伐。

陶寺王墓中还发现了很多鳄鱼的骨头，用于制作乐器和礼器。我国北方黄河流域是没有鳄鱼的，最近的鳄鱼居住地是长江中下游，它们应该来自南方氏族向陶寺王权的朝贡。此外，这里出土的陶器风格明显受到庙底沟二期的影响，三足瓮则来自北方的老虎山文化，玉璧、玉琮又与良渚有关，玉兽面与石家河文化相通，用鳄鱼皮制作的鼓则来自山东龙山文化[①]。从这些考古证据来看，它是一个通达四方的广域治理中心。

在《史记》记录的黄帝霸权版图中，东北方向的山东、河北一带没有发现像良渚、南佐、石峁这样的大型古城。但这个方向是山东龙山文化的主要影响范围，有大量的小型上古遗址存在，这些遗址的主人在历史记录中被称为"东夷"。

东夷是我国古籍中对上古时代活跃在河北、山东、江苏一带的众多氏族的统称，可以称之为东夷族群。它跟炎黄族群、神农族群一起，共同成为中华上古文明的三大主要族群。

炎黄在结成联盟以后，很快就向东征伐，跟蚩尤带领的东夷族群联军开战，其中一场关键战役的战场在今天的河北涿鹿，史称涿鹿之战。炎黄大军取得胜利，蚩尤氏族的首领被杀掉，东夷族群也就向黄帝表示了臣服。这样，神农、黄帝、东夷三大族群都被置于同一个政权的统治之下，中华大地上最早的广域霸权——炎黄古国出现了。

炎黄古国是一个霸权制国家，是最古老的广域国家形态。中央政府更像是一个霸主：它并不往地方直接委派官员，也不分封土地，之前各个氏族的地盘和权力结构保持不变。霸权范围内的各大氏族都直接向中央政权表示臣服。这种臣服的标志应该主要就是朝拜和进贡，但具体如何安排的今天已经搞不清楚了。

根据《史记》记载，黄帝采用了与各大氏族联姻的方式来加强霸权统治。

黄帝派遣其家族成员，到各个地方娶当地族群的领袖的女儿为妻，以女婿的身份担任部族首领，他们的后代也就世世代代继续统领这些部族。最重要的安排有两个，一个是把黄帝的大儿子派到山东，娶了凤鸿氏女子为妻，当了凤鸿氏的

---

① "龙山时代"：《探索中华文明起源的关键时段》，《学习时报》2021 年 1 月 4 日。

首领。最后成了整个山东地区各个部族的最高首领，代表黄帝统治东方，史称少昊氏。

另一个是，就是黄帝的小儿子昌意派到四川，娶蜀山氏首领的女儿为妻，当了蜀山氏的首领，代表黄帝统治西南方。这两个方向对黄帝的统治是最重要的——蜀山氏位于关中平原的西南方，翻过秦岭可以攻击关中，是关中平原的大后方。黄帝要离开关中去征服河洛和华北平原，后方必须稳定，所以派小儿子去统治。而且黄帝的妻子嫘祖，据说也是四川人，就在成都平原北边紧靠秦岭的盐亭县。《史记》里边说黄帝娶西陵氏之女。西陵的意思就是西边的大山，秦岭就在陕西的西南方向。可见黄帝非常重视后方根据地的安全，连续两代联姻。

黄帝的妻子来自四川，小儿子昌意去了四川，这是他的大后方。后来夏朝的建立者大禹，据说也是黄帝的后代，他出生在四川，可能是昌意这一支①。

黄帝派大儿子去山东，则是为了加强对东夷族群的统治，进而控制整个华北平原地区。

传说中黄帝以联姻的方式来控制各大氏族的治理模式，表明了这一时期，氏族上层之间以通婚的形式建立政治联系，形成了初步的政治共同体。炎黄古国可以称之为霸权制国家，这种霸权非常弱，各大氏族仍然享有充分的自主权，彼此之间仍然在互相征战。但无论怎样，霸权建立起来以后，中华大地上的各大族群联系就进一步加强了，为后来的臣服制和分封制国家形成奠定了重要的基础。

中国的上古历史，三个最大的氏族集团互相交流、竞争、融合了几千年。

---

① 《史记·六国年表》载："禹兴于西羌。"大禹出生地为中原以西。其具体地点，皇甫谧《帝王世纪》引《孟子》说："禹生石纽，西夷人也。"关于石纽所在，历代史籍多有记载。《太平御览》卷八二《皇王部》引扬雄《蜀本纪》记载："禹本汶山郡广柔县人，生于石纽。"《吴越春秋》记载："禹家于西川，地曰石纽，石纽在蜀西川也。"《三国志·蜀志·秦宓传》曰："禹生石纽，今之汶山郡是也。"裴注引谯周《蜀本纪》云："禹本汶山广柔县人也，生于石纽，其地名剟儿坪。"这些记载表明，石纽之地在西羌所及的岷江上游地区，在汉代的汶山郡广柔县地界内，今四川省汶川县西南。但是，现代考古发现认为，二里头统治者并不直接来自四川地区，而是来自其西南方向的河南新砦。这里可能是大禹治水前后的早期治所。大禹来自四川的说法，目前还缺乏考古学证据。但二里头古人以种植水稻为主，受长江流域文化的影响很深。从考古发现来看，大禹及其族群来自南方长江流域的可能性较高。《史记·夏本纪》中说大禹曾经让益传播水稻种植技术，这一点是跟考古发现相符合的（《翦商》，第36—41页），则《史记》中大禹来自西方的记录也应该有所依据。西方和南方两个因素结合，就指向西南四川一带。

　　神农（南蛮）氏族集团是最早的一支，最先掌握水稻的人工栽培技术，起源发展于长江中下游流域，然后逐步往北、往东发展扩张。

　　第二支是黄帝氏族集团，它发源于黄河中上游、然后逐步进入关中平原。黄帝氏族的先民在差不多七八千年前掌握了稷的人工栽培技术，以彩陶为文化代表，后期也掌握了黑陶工艺。

　　第三支是起源于黄河中下游地区的东夷氏族集团，他们在大约七八千年前掌握了人工栽培粟的技术，以黑陶为文化代表。

　　再往后，炎黄族群又建立了夏朝，数百年后被属于东夷族群的商族击败。东夷族群夺取霸权，建立了商朝。夏朝灭亡后，炎黄族群一部分人继续生活在南佐古城附近，自称周人。周人经过数百年的努力，抓住机会再次从东夷族群手中夺回了中原霸权，建立了分封制国家——周王朝。受此影响，后世流传的上古传说就以炎黄族群的说法为主体，炎帝出自神农，"南蛮"神农的传说保留了下来，后来还进入三皇五帝系统，神农成了三皇的代表人物；"西戎"黄帝的传说保留了下来，五帝系统就以黄帝氏族的权力传承为准；东夷族群只有商朝的历史保留了下来，在商之前，没有像黄帝、炎帝、神农这样的英雄人物做代表，我们今天只好继续叫它东夷。

　　东夷对中华文化的贡献很大，几乎与炎黄持平。尤其是东夷龙山文化所擅长的黑陶烧制技术，比烧制彩陶所需温度更高、加工难度更大。这些高温加工工艺对后来青铜和铁器的加工有十分深远的影响。东夷氏族创立的商王朝是我国青铜时代的顶峰，商能够灭夏应该也跟它先进的青铜冶炼技术有关[①]。可以说，石器时代炎黄称霸，青铜时代则是东夷称雄，到了铁器时代炎黄和东夷就融合完成了。蚩尤也应该和黄帝、神农一起，并列为中华三大人文始祖。

---

① 中亚地区发明青铜冶炼技术的时间较早，许多学者认为中国的青铜技术来自于中亚，也即"西来说"。但近年来随着长江流域一系列的考古发现，也有学者提出夏商时期中国的青铜冶炼技术可能起源于长江流域，然后再往北传播到黄河流域，这就是"南来说"（参见刘俊男、易桂花：《中国早期冶铜遗迹的分布与冶铜起源研究》，载《南方文物》2020 年第 4 期；郭静云等：《中国冶炼技术本土起源：从长江中游冶炼遗存直接证据谈起》，载《南方文物》2018 年第 3 期、2019 年第 3 期）。东夷氏族在掌握青铜冶炼技术以前，已经掌握高温烧制陶器的技术和复合范制作红铜器皿的技术，"西来"或"南来"的青铜技术与这些技术结合以后，形成了有自身特色的青铜文化，并在诸多方面后来居上。

绝地天通：少昊之乱与颛顼改革

　　炎黄古国第一次把中国连接成一个政治共同体，这是黄帝做出的大贡献。黄帝死了之后，谁来继承这个君主的位置，怎么继承，就是成了一个问题。按照道理，当然是黄帝的大儿子少昊氏继承。不过他已经去了山东，当了东夷族群的首领，该不该让他继承？

　　根据《史记》的说法，最后还是少昊氏继承了君主的地位。

　　这个决定不太明智，山东的东夷族群原本是臣服于炎黄族群的，但现在东夷族群的首领成为最高首领，治理逻辑出了问题，理不顺。炎黄族群这边也群龙无首，社会秩序出现混乱，这就是上古历史中著名的"少昊之衰"，意思就是少昊时期，国家治理不太好，出现了衰落的迹象。所以炎黄古国的五帝序列中是没有少昊的，他虽然是黄帝的直接继承人，但水平不行，没能进入五帝的序列。

　　等到少昊死了，炎黄族群这边就没有再让少昊的儿子继续当君主，而是让昌意——也就是去四川当首领的黄帝的小儿子的后代来继承君主的位置。昌意的儿子颛顼当了盟主，颛顼回到黄帝故都，直接担任炎黄族群的首领，以这个身份出任整个国家的君主。这一下，这个问题才理顺了，国家治理重新走上正轨。颛顼也就成了五帝当中的第二帝。

　　颛顼在位期间，干了两件大事。第一件是平定东夷族群的叛乱，第二件就是打击民间的宗教迷信活动。

　　东夷族群在少昊时代一直压着炎黄族群，现在颛顼继位，炎黄族群当然不服。东夷族群里边的共工氏部落就发动叛乱，颛顼把它给平定了。中国古代神话故事中，有水神共工大战火神祝融的故事，共工失败以后头撞不周山，反映的就是这件事。

　　颛顼平定共工氏的叛乱、恢复中央权威之后，接下来又干了一件大事，就是打击民间的宗教迷信活动。

　　古籍里边记录"少昊之衰"，后边还有12个字，叫"九黎乱德，民神杂糅，不可方物"。这句话是什么意思呢？结合上下文来看，就是炎黄族群跟东夷族群发生了文化冲突。炎黄族群的文化特点是"民神不杂"，也就是老百姓的生活跟神仙巫术的关系不是很密切，平时就老老实实种庄稼，逢年过节才去搞点求神拜佛的活动，迷信思想不算非常浓厚。而东夷族群不一样，他们的特点是"民神杂糅"，老百姓的生活跟迷信巫术活动关系非常紧密，遇到问题不去找政府——当然那时候也没有严格意义的政府，主要就是相当于政府首脑的部落首领——而是找巫师解决。少昊在东夷当首领，反过来管着炎黄族群，东夷的文化就开始向炎黄这边传播，炎黄这边又群龙无首，没有强有力的领袖出来做主，搞得炎黄这边也是各种迷信活动盛行。所以叫"九黎乱德"，这里的"九黎"就是说的东夷族群，"九"就是多，"黎"就是黎民百姓，九黎乱德，就是一大堆来自东夷族群的人把炎黄文明的秩序给搞得乱七八糟的意思。

　　为什么炎黄族群跟东夷族群会有这么明显的文化差异、文化冲突呢？

　　关键就是炎黄族群农耕文明比东夷族群更发达。黄河中上游地区深处内陆高原地区，降水量不是很大，非常适合早期的农业种植。古代没有水土保持技术，雨水太大以后，会把表层土壤给冲走，而土地最肥沃的部分就是它的表层土。粮食作物的根系都很浅，表层土一旦被破坏，就不容易种植。所以早期的农耕文明，一般都是在既有大江大河又比较干燥少雨的地方出现的。像埃及的尼罗河、中东的两河地区、印度的印度河流域，都是这个特点。黄河下游靠近大海，东南季风一吹，它的降水就很厉害，所以它虽然有大河也是大平原，但它搞农耕的条件没有中上游地区好，发展的要稍微落后一点。长江流域搞农业耕种的历史更加悠久，是神农氏的发源地，但它两边高山丘陵比较多，没有大平原，虽然历史悠久但是规模始终搞不大。规模上不去，也就无法供养大规模的军队进行征战。所以来自黄河中上游地区的炎黄族群才成了最早称霸中国的一支。这可以说是地缘特征选择的必然结果。

农耕文明跟游牧、渔猎文明相比，主要优势是稳定高产。人们只需要根据一年四季的气候变化，定时定点种地，自然就会有收成，生产生活的确定性很高。所以农耕生活长期发展就会带来一个后果：老百姓对妖魔鬼怪、神仙菩萨这些超自然的力量，不是很感兴趣，不怎么畏惧这些东西——我们已经摸清楚了四季变化的规律，就可以有吃有穿，什么妖魔鬼怪、神仙菩萨，就抱着一种无所谓的态度。要说不信，还是信那么一点，逢年过节要求神拜佛；要说迷信，那也不是很迷信，平时工作很忙，要种田养家照顾老婆孩子。拜神还是要拜，但要倾家荡产地去搞迷信活动，那肯定不行。

长期稳定的、有规律的生产生活，是农耕文明对抗宗教迷信活动的最重要法宝。炎黄族群的这个文化特征，也是我们中华民族很重要的一个文化特征。全世界宗教色彩最淡薄的古文明，就是我们中华文明。中华文明，是一个伟大的世俗文明，从根儿上来说，就是从炎黄这开始的。也就是古书上说的"上古民神不杂"、"民神异业，敬而不渎"。老百姓种田养家的世俗生活，跟求神拜佛的迷信活动很早就分开了，"敬而不渎"，也对神仙表示敬畏，但绝不会把求神拜佛当成最重要的事情来做。

东夷族群相比炎黄族群，农耕活动没有那么发达。河北、山东、江苏等地靠近大海，森林茂密，还有很多狩猎、捕鱼甚至游牧活动。因此，人们比较容易受宗教迷信的蛊惑。

迷信活动一旦盛行，危害是很大的。宗教迷信，都是先从精神控制入手，然后一步一步地发展成为财产控制、人身控制。宗教一旦将人们洗脑，可以在精神上对其进行控制，接下来就会要求信徒捐钱捐物，最好是把全部身家都拿出来给巫师、教主享用，然后就是组织教会，掌握暴力，直至控制政权。宗教迷信盛行的地方，人们的钱都拿去供奉神仙了，就没钱给政府交税了；都去参加教会了，就不会去给政府服役当兵了；都相信神仙菩萨了，就不会认真种田搞生产了。整个社会秩序就会乱掉，组织不起来。炎黄族群战斗力强，能够击败东夷族群，还有淮河、长江流域的那些原始部落，其中很重要的一点，就是整个族群的宗教思想相对淡薄，政治军事组织能力更强。

少昊时期，东夷地区的宗教迷信之风传到炎黄族群这边来了，产生了很大的破坏性。《国语》里面说："民匮于祀，而不知其福地。"就是说，人民都被宗教思想给洗脑了，不珍惜现世的生活，将自己的财物和精力大量地用于鬼神祭祀，搞得民穷财尽。以前炎黄这边群龙无首，少昊作为国家领袖一直待在东夷那边。现在少昊死了，昌意的儿子颛顼来到中原继位，恢复炎黄族群的中央权威。当然就要坚决反击宗教迷信活动对国家政治的干扰，恢复炎黄文化的优良传统。他就做了一个重要的决定，叫作"绝地天通"。

什么叫"绝地天通"？就是断绝地上和天上神仙沟通的渠道，这么一个"绝——地天——通"。那些巫师神棍靠什么蛊惑人心？就是宣布自己可以神仙附体，或者是可以用其他各种巫术跟天上的神仙交流沟通，知道神仙是怎么想的，可以传达神仙的旨意，靠这些东西来骗人。颛顼就下了一个命令，以后禁止神仙下凡、禁止神仙附体，凡是宣布自己可以神仙附体的、可以跟神话对话的，全部抓起来判刑。人间的君主怎么能管得到天上的神仙呢？颛顼那个时代，他也不可能跟大家讲唯物主义，公开宣传无神论，他也必须要承认神仙上帝都是存在的。他想了一个什么理由呢？就是只有君主本人才是神仙在人间唯一的代表，君主的话就是神仙的旨意，其他人说的都不算。天地之间的联系也没有百分之百完全断绝，但从今以后就只保留了这么一个通道，其他通道全部关闭。

民间传说里边说祝融和共工打仗，共工失败了，头撞不周山。这个不周山原来就是人间和天上的连接通道，说是共工给撞塌了，从此以后天上的神仙就下不来了、地上的凡人也上不去，天地的分离到这里才算真正完成。这个故事，其实反映的就是颛顼镇压共工叛乱然后下令"绝地天通"的事情。只是说我们民间传说把它讲成了神话，古代的官方史料《国语》里边就讲的是历史故事，但反映的其实是一个事儿。

"绝地天通"以后，君主垄断了对神灵意志的解释权。在此之前，君主和部落首领，只是军事统帅和政府首脑，掌握军权和政权，但并不掌握神权或者说意识形态的裁判权。颛顼通过"绝地天通"的方法，禁断民间私人沟通人神的活动，垄断了对神灵意志的解释权。这就在实际上明确了王权高于神权的基本政治原则。

颛顼将手下的官员进行了区分，一部分专门从事祭祀活动，一部分专门从事世俗事务的管理。这就进一步强化了政府的世俗特征。神鬼之事和行政事务分开管理，管理祭祀的被称为司天，管理农业耕种的称为司土（后来成为司徒），管理马匹军需的称为司马，管理工程的叫作司工（后来称司空）。随着祭祀活动的重要性降低，司天的职位慢慢被虚化，而司徒、司马、司空成为政府高级官员的标准设置，这就奠定了中国世俗政府管理的基本框架。

从此以后，在这一政治原则的引导下，在世俗政权的威权统治下，中国社会生活中的宗教色彩不断淡化，宗教影响力在社会生活中始终只能居于次要地位。这就奠定了中国社会、中华文明的世俗化特征，使得中华文明走出了一条跟世界上其他主要文明截然不同的发展道路。——我们时常会被问道，中华文明最突出的特征是什么？它和世界上其他文明最主要的区别是什么？如果这是一个单选题，那么答案显然只有一个，就是：中华文明是世俗文明，而其他古文明不是世俗文明，是宗教文明。印度文明中祭司是最高等级的统治者，埃及法老也必须依靠祭司维持权威，后来的基督教文明、阿拉伯文明等主要文明大系，就更是典型的宗教文明了。古代社会，只有中国的统治阶层中，一直没有祭司或教士这个阶层，只有君主、贵族、军事勋贵、官吏、地主豪强这些世俗阶层。宗教高层最多只能算是统治阶层的附庸。君主的统治合法性，不需要通过宗教仪式或宗教领袖授予来获得。

世俗化社会的优势就是能够更好地包容科学技术进步和多元化的政治经济思想，有利于社会进步。地中海沿岸的希腊文明，宗教地位相对较低，可以算是准世俗文明，发展出来了比较发达的科学技术知识，但是它只存在了几百年就被毁灭了，后来被基督教文明取代。在基督教的统治下，西方文明出现了巨大的倒退，长期处于科学知识和社会发展停滞的状态，在黑暗的中世纪生活了1000多年。而中华文明由于"绝地通天"所开创的世俗化原则，驱散了宗教的统治。虽然在此之前，中华文明的发展程度落后于埃及中东地区，但此后发展大大加速，很快就迎头赶了上来，最终在中古时代成为世界上最发达的文明。

尧舜政变：禅让制的谜团

颛顼死后，由他的侄儿或儿子帝喾继位。

帝喾的时代是一个太平盛世，这也可能是中国历史上第一个盛世。经过三代君主的辛苦经营，联盟国家内部的秩序已经趋于稳定，黄帝部族的统治权威得以巩固，很少再有部族造反的情况发生，人民安居乐业，天下太平。

帝喾干的一件比较重要的事儿就是订立节气。我们今天熟悉的二十四个节气：冬至、立春、惊蛰、清明、谷雨、夏至、立秋、白露、霜降、立冬，等等。这些就是从帝喾这里开头的。帝喾订立的节气跟我们今天知道的二十四节气不一定一样，应该要粗糙一些，只能说它是二十四节气的源头和雏形。具体帝喾定的节气是什么样子，已经失传了。

节气的主要作用就是用来指导农业耕作的。比如，立春，就是春天开始，要准备播种了。经过颛顼"绝地天通"的改革，政府的定位搞得很清楚，就是为生产生活服务的，不是装神弄鬼搞迷信活动。

帝喾的时代中国没有发生什么值得一提的大事。他就是继承颛顼平定共工氏和"绝地天通"的改革红利，稳稳当当地当了一个盛世君主。

我们中国古代各个王朝的历史就是有这么一个普遍规律：第一代君主负责创业，等他创业完成，一般来说年龄也很大了。统一中国怎么也得几十年，没有几十年下不来，他没有很多时间再去建立一套成熟的国家治理体系，死了之后一般会出现权力交接的问题，搞不好就是内战，甚至直接改朝换代，比如后边的秦朝和隋朝，二世而亡；想要让它不那么快灭亡，第二代君主就要负责平定叛乱，然后制定比较成熟的政治制度。这些事儿都干完了，国家就开始进入盛世。这个盛世不是盛世君主自身的功劳，关键还是第一代创业、第二代创制打下的基础。盛世过了之后，就会盛极而衰，开始走下坡路，最后灭亡。这个现象被后来人总结叫作"历史周期律"。黄帝创业，颛顼改革，帝喾盛世，这是我们中国历史上第一轮。帝喾也被列入五帝序列，是其中的第三帝。所以五帝不是连着的五个君主，而是五个最有代表性的君主。帝喾呢，就代表了盛世的守成之君。

帝喾之后，炎黄古国又经过很多代的君主，存在了很长的时间。《竹书纪年》里说："黄帝至禹，为世三十"，也就是从黄帝到大禹经过了30代君主。这中间有20多代君主的姓名和事迹，全都失传了，这段历史是一片空白。一直到它的最后两个君主，也就是尧舜时代，才有新的历史纪录。

尧和舜，都进了五帝序列。五帝就是黄帝、颛顼、帝喾、尧、舜。开头三个、末尾两个[①]。

炎黄古国的君主都由黄帝子孙后代担任。黄帝姓姬，后边颛顼和帝喾也都姓姬。不过尧并不姓姬，而姓伊祁，又因为他所在的氏族烧制陶器的工艺比较有特点，因此被称为陶唐氏。上古时代，姓和氏是分开的，同姓之人分散到各地之后，往往根据地名或其他特征再给自己族人加一个氏，以示区分。一般人认为黄帝的氏为轩辕氏或有熊氏。尧的祖先被封到河北、山西交界处的伊祁，但不知为何放弃了姬姓，改为以伊祁为姓。陶寺文化受东方龙山文化的影响明显大于受仰

---

① 五帝的传说形成时间很晚，它并不是上古早就存在的说法，而是许许多多传说故事经过上千年的流传以后逐步成型的。五帝有可能是具体某几个人，但更大的可能是好多个君主的综合。比如黄帝，可能是黄帝氏族早期好多位首领综合出来的这么一个人物，经过好几代人的努力才建立了中国历史上第一个广域霸权国家。有些古书里边记录上古帝王动不动就在位上百年，这是不可能的，应该是把好几个君主的事情算到了一个人头上。而这些君主之间的血缘关系，也不大可能准确。他们可能属于不同的上古部族，在自己部族内部推动了某些改革，然后被人们编成故事流传下来。比如颛顼可能是某个部族的首领，跟黄帝毫无血缘关系，在自己统领的部族内部进行了"绝地天通"的改革，进而影响了整个中原地区。这些故事在经过长期流传以后，人们再按照时间顺序编出来了从黄帝开始的君主世系，形成一个传承有序的传说体系。具体事实如何，今天已不可能搞得清楚。但我们仍然可以透过这些传说故事，理解中华文明发展进步的源流，这才是我们今天把这些传说故事重新再讲一遍的价值所在。

韶文化的影响，再考虑到从帝喾到尧之间中断的历史记录，这数百年的空白，中间一定发生过什么重大的政治变故，才让非姬姓的尧成为君主，然后又让来自东夷的舜代尧而立。

尧的时代大概在距今4300年至4100年左右。跟黄帝一样，尧可能不是某一个君主，而是陶唐氏好多代君主的合称。关于尧的记录，大多数古籍都盛赞他是一位英明仁德的伟大君主。但具体如何英明的事迹不多，其中比较重要的一条是"敬民授时"。《尚书·尧典》中记载，尧任命羲和担任主管天文历法的官员，负责"历象日月星辰，敬授人时"，也就是通过观测天象来确定重要日期。

这个记载在陶寺古城考古发现中得到证实。考古学家在陶寺古城附近的一处高台上发现了世界历史上最早的观象台遗址。该观象台的建成时间大约为距今4100年[①]，跟史书记载的尧的时代相符。观象台由13根方形的柱子组成，每根柱子之间只留有了很窄的缝隙，通过观察日出日落时阳光透过这些缝隙所形成的光线角度关系，就可以确定重要节气，将一个太阳年365天或366天分为20个节令，除了包括冬至、夏至、春分、秋分之外，还包括种植粟黍、稻、豆的农时，以及当地四季冷暖气候变化节点以及宗教节日。

尽管尧王治理国家的能力出众，但他运气不好。这段时间，地球气候发生了一次全球性的巨变。受此影响，在尧统治的后期，中华大地上爆发了规模空前的大洪水，国家情况急转直下。尧——或者说是末代尧王——任命鲧来负责治理大洪水，治理的效果并不好。尧下台以后，君主之位由来自东夷族群的舜接替。

关于尧舜之间的权力交接，有两种截然不同的说法。《竹书纪年》的说法是：到了尧晚年的时候，来自东夷族群的有虞氏首领舜，联合炎黄族群内部反对尧的势力，发动政变，把尧给囚禁了起来，逼着他把君主的位置"禅让"给自己。尧儿子丹朱不服，起兵反抗，也被击败，被放逐到南蛮之地。而孔子和《史记》的说法是，尧是因为舜品德高尚、贤明能干，才把他招为女婿，并决定"禅

---

① 李勇：《世界最早的天文观象台——陶寺观象台及其可能的观测年代》，《自然科学史研究》2010年第3期。

让"君位。

这两个说法都来自权威的史料，无法辨析谁真谁假。作者个人倾向于相信《竹书纪年》的说法。此说法也并非孤证，《山海经·海内南经》说"苍梧之山，帝舜葬于阳，帝丹朱葬于阴"——文中称呼丹朱为帝，也间接否定了尧直接禅位于帝舜的观点。

鲧是黄帝后裔又是尧的亲信，舜篡位以后当然要收拾他。就借口他治理洪水不力，找了个罪名给办了。有两种说法，一种说法是被撤职流放，一种说法是被杀了。不管哪种，反正是严厉处罚了。不过大洪水还在继续泛滥，一时半会儿也找不到会治水的人才，炎黄族群的势力还是很强大，所以舜还是让鲧的儿子禹继续治水。他就是历史上著名的大禹治水这个故事的主人翁了。因为他功劳很大，所以后世传说就管他叫大禹，即"伟大的禹"之意。

大禹是黄帝的后裔，不是直系而是旁支，他改了姓，不姓姬，而是姓姒。这也是上古八大姓之一，他叫姒文命①。

大禹经过十多年的努力，治水取得了成功，威望很高，获得参与治水的众多部落的支持。《史记》里边说，舜也就仿照尧禅让的先例，将大禹定位君主的继承人。后来因为南方的三苗叛乱，舜御驾亲征，地点就在今天湖南永州的九嶷山一带，舜最后也就死在那里。今天九嶷山上还有舜庙和舜的墓。舜死后，大禹在众人的推举上继承了君位。

由于《竹书纪年》只有残本保留下来，其中关于大禹继位的记录已经遗失。但舜如果是囚尧夺位的权谋家，然后又放逐或者杀掉了鲧，怎么会主动把君位禅让给鲧的儿子呢？这是绝不可能发生的。《竹书纪年》的记录肯定会跟《史记》

———————————

① 所谓上古八大姓，是后人根据古籍总结的，分别是姬、姜、姚、嬴、姒、妘、妫、姞。它们都带着女字。姜是生姜的姜，下边带着女字；嬴是嬴政的嬴，秦始皇的那个嬴政，中间夹了一个女字，其他都是女字旁。为什么都带着女字旁。古籍记载，上古之人，"知其母不知其父"。古代的姓氏都是整个部落一个姓，用女字旁，就说明姓氏产生的时候，女性曾经在血缘关系的传递过程中起主导地位，这叫母系氏族社会。今天人类学家和考古学家考证，母系氏族社会在中国大概从10万年前一直延续到距今七八千年前，才被父系氏族社会代替。这也从侧面证明了，中国古代传说的记录确实是从古至今传承下来的，还保留着母系氏族时期的文化意识，不大可能是后人重新编造的。

大不一样。

《韩非子·说疑》说："舜逼尧，禹逼舜。"《竹书纪年》为晋国和魏国的史书，韩国是从晋国分裂出来的，韩非为韩国宗室，他可能看过《竹书纪年》，才有此说。

尧、舜、禹的权力交接过程，应该不是禅让，而是通过以暴力为支撑的政变来实现的。原始的部落推举制很常见，几千年后成吉思汗的蒙古和努尔哈赤的后金也都是部落推举制，不是长子继承制度。但是，这跟"禅让"完全不一样，首先要上一代君主死掉了才能推举，不是生前禅让，然后候选人必须都是上一代君主的儿子或弟弟。而且，关键时刻也是谁的拳头硬、谁的势力大就由谁来继位，推举就是个形式。王权继承从来都不是君主的私人事务，还涉及家族和族群之间的权力斗争。一个实权君主在自己有儿子或者弟弟的情况下，自觉自愿把君主之位让给外人，确实有可能发生，但让给外人而不闹出事端的情况，则不大可能出现。换句话说，即使他自己愿意，他的家族、氏族也不会同意。战国后期发生过燕国国王主动禅让的事，立刻就引起燕国内乱，禅让和被禅让的人都在内乱中死于非命。

尧、舜、禹之间的权力交接不仅跨越了家族，还跨越了族群，从炎黄转移到东夷，再从东夷回到炎黄。这一趟来回和平实现的可能性基本为零。只是因为后来儒家思想成了主流思想，尤其是儒家学者掌握了书写历史的权力，孔子的说法就被历代的官方史料接受，成为权威。本书认为，"禅让"即便真的存在，应该也只是一个形式。舜成为尧的女婿，是炎黄和东夷统治阶层之间世代联姻的正常现象。尧可能确实参加了禅让典礼，但属于被迫而非自愿。舜也可能确实按照程序参加禅让过程，把君主之位再让给大禹，但他也是被迫而非自愿的。

大禹夺取了君主的职位以后，没有在陶寺建都，陶寺文化也因此走向了衰亡。大禹建立了一个新的国家——夏朝。

附录：《竹书纪年》《史记》与《尚书》中的禅让问题

　　《竹书纪年》是春秋战国时期的晋国和魏国史官编写的官方史书。秦灭六国以后，搞了个焚书坑儒，被焚的书里边就包括了六国的史书，历史研究只能以秦国的史书为准。这样一来，各国的官方史书包括魏国的也就失传了。一直到400多年以后的西晋时期，才被人从战国时期的墓葬里边给挖了出来，重见天日。西晋政府组织学者整理，给它起了个名字，叫作《竹书纪年》。它是战国时期魏国的官修史书。

　　由于书里边记录的好多事情跟儒家学者的记录差异很大，尤其是关于尧、舜、禹"禅让"的问题，直接关系儒家思想的权威性，儒家学者对它很反感。这本书一直传到宋朝，在唐末宋初的时候失传了。唐末宋初这个时代，就是政府官方确定儒家思想统治地位的时期。所谓"废黜百家、独尊儒术"就发生在唐末宋初，而不是汉朝。这个时期，儒家学者不再研究讨论《竹书纪年》，当它不存在，没有人研究保存，结果它就失传了。所以今天我们已经看不到《竹书纪年》的全文了。不过从西晋到宋有很多学者研究过《竹书纪年》，在自己的文献里边引用过它的文字。近现代的学者从这些书里把这些零星的引用摘出来，整理了一份《竹书纪年》的残本，这就是我们今天能看到的内容。

　　《竹书纪年》是官方史书，它的权威可靠程度要高于《左传》和《史记》这种史学家的个人历史著作。它和孔子根据鲁国史料编订的《春秋》比较相似，是那种编年体，一条一条地记录说，某一年发生了什么事情，哪个诸侯去打了哪个诸侯，哪个国君死了谁继位了。

这种史书的可靠性非常高，不仅比《史记》高，比《春秋》也更高，因为孔子是根据鲁国的官方史料编纂的《春秋》，他自己的身份还是民间学者，不是史官。司马迁家里倒是世代担任史官，但《史记》是他个人整理撰写的，还很有个性地搞了个纪传体，文学色彩加重，里边有很多他个人的主观评价。虽然《史记》被列为二十四史之首，可靠性也确实很高，但要论权威程度，肯定不如《竹书纪年》。

在没有其他更权威的出土文物作为佐证的情况下，《史记》的记录如果有跟《竹书纪年》不一样的地方，一般来说应该以《竹书纪年》为准。后世有很多学者利用出土文物做过详细的考证，凡是能考证的细节，基本上都是《竹书纪年》更可靠。

比如到了20世纪，商朝的甲骨文被发现了，这是我国历史上最早的文字记录。就有考古学家拿着跟甲骨文的记录相比作为标准，比较《竹书纪年》记载的商王世系和《史记》记录的商王世系，结论是：《竹书纪年》和《史记》的记录都跟甲骨文基本对得上，但《竹书纪年》更准确。

不过，《史记》里边关于尧、舜、禹的记录也是有权威来源的，而且是官方史料，我们今天还看得到，就是《尚书》。它是孔子整理的，但不是孔子写的。《尚书》是上古时代的文献汇编，这是很原始的第一手资料。《尚书》的前三篇《尧典》《舜典》《大禹谟》，讲的就是尧、舜、禹之间互相禅让的故事。如果这三篇文献是真的，那禅让这件事儿就是确凿无疑的。

但《尚书》里边这三篇文献是不是可靠呢？虽然有学者认为《尧典》等是伪作，孔子看到的《尧典》可能跟我们今天看到的不一样，但孔子相当确信尧、舜是禅让的，这一点没有疑问。

根据我们对孔子的了解，他应该不会作伪，不会自己编几篇文章出来放到《尚书》里边去。他肯定是在什么地方真的看到这些文章，给抄录下来的。但孔子又是儒家学派的创始人，他的立场观点非常鲜明，不是完全中立的学者。作为

《尚书》的编撰者，他在编撰过程中会根据自己的立场观点对文献进行取舍。结合《竹书纪年》的记录，我们可以推断，在孔子之前，关于尧、舜、禹的记录，就已经有了暴力政变与和平禅让两种说法，而且都是官方资料记录的。《竹书纪年》选择了暴力政变的说法，孔子选择了和平禅让的说法。

这两种说法为什么会出现？这就涉及我们前边讲的，中华民族的两个最主要的先民族群——炎黄族群和东夷族群之间的斗争。黄帝到尧，是炎黄族群的人做君主，舜是东夷族群的首领来当君主，到了大禹建立夏朝，炎黄族群再次夺回了权力。从黄帝一直到夏朝灭亡，1000年左右的时间，只有舜这么一个东夷族群出来的君主[①]。

舜是东夷族群历史上出现过的最伟大的君主，东夷族群大约不愿承认他是通过暴力政变夺取自己岳父的政权，然后又被大禹给贬到南边蛮荒之地孤独而死。所以，尧自愿主动地把王位让给舜，舜再自愿主动地把王位让给大禹，自己到南边去巡视狩猎。这个故事应该是东夷族群的记录，在商朝之前东夷族群就已经有了这个传说，商朝把它变成官方记录，写进了《尧典》之类的文献。甚至这个记录也不一定是虚构的，因为舜逼着尧传位、禹逼着舜传位，都可能真的搞过一套禅让程序，只是让位者都属于"被迫禅让"。

后来，商又被周朝给取代了。周族属于炎黄族群，他们没有把事情做绝，把商族的后裔给分封到宋国，还是东夷族群的老地盘，夹在卫国和鲁国之间。卫国和鲁国都是周天子的儿子建立的，可以监视和防范宋国。

周朝的分封制度，有"三恪"，"恪"是尊敬的意思，也就是对尊贵的客人采取的特殊政策。这里"三"是虚数，是"多"的意思，实际不止三个，有史料记载的最少是六个。封神农的后裔居住于焦国，封黄帝后裔于蓟，封尧的后裔于祝，封舜的后裔于陈，封夏朝后裔于杞，封商朝后裔于宋。这几个封国国君都算是客人，可以不按周朝的礼法制度，而继续采用自己祖先的礼法制度，祭祀自己的祖先。这样，商王朝的大量文献典籍就都在宋国保留了下来。

---

① 也有一种说法，说舜也是黄帝后裔，是少昊氏或者颛顼、帝喾的后代。这也有可能，炎黄和东夷高层之间确实世代联姻，有血缘关系很正常。但舜生于东夷长于东夷，不管他血缘关系怎么算，在族群利益和文化心理上，他都是东夷人，东夷族群把他看成自己人，这是不会有问题的。

——我们要感谢周朝统治者这个宽容且明智的决定，这样极大地保留了周以前的中华文化。宋国在周朝的政治军事地位很低，但文化地位却非常高，成为周朝统治下文化经济高度繁荣的大国。后来墨家的创始人墨子、儒家的创始人孔子、道家的重要人物庄子，都是宋国人或宋人后裔，这与周朝"三恪"让宋国保留其祖先的文化和典籍显然不无关系。

孔子的祖先就是宋国人，而且是宋国的贵族，也就是商朝国王的后代。孔子是非常纯正的东夷血统，不是炎黄血统。不过他父亲一这辈没落了，迁居到鲁国。孔子是在鲁国出生和长大的，所以现在大家也说他是鲁国人。但孔子本人，从来没忘记过自己是宋国贵族、商王后裔。他在鲁国长大，后来专门去过宋国研究学习商朝的文献，对周朝和商朝的文献资料都很熟悉。最后在编撰《尚书》的时候，后半部分用的是周朝的文献，也就是《周书》；而周之前的文献，应该就是采用宋国保留下来的商朝文献，因为这既是他自己血脉祖先的荣耀，也非常符合他的政治理念。

《竹书纪年》是晋国和魏国的史书，这两个国家的国君都是姬姓，属于炎黄族群。陶寺古城的位置就在晋国的地盘范围内，距离晋国的两个主要首都翼城和曲沃都只有几十公里。晋国和它分裂出来的魏国的官方史书，就没有采信东夷的说法，而极有可能是采用陶寺古城一带流传下来的记录。这里边舜的形象就很糟糕，结局也很悲惨。

大禹治水：战天斗地的中华先民

大禹能够掌握大权，主要是依靠治水。

中国古代的君主权力主要就是两个来源，一个是战争，另一个就是治水。这是了解我们中国古代政治制度的两个根。国家的形成、政府的出现，主要就是为了满足两个需求，一个是保卫公共安全，一个是提供公共服务。战争就是保卫公共安全，主要是跟外界的竞争对手争夺生存发展的资源；治水就是提供公共服务，由政府来解决一些必须进行跨区域的大规模协作才能解决的问题，除了治水，还有像救灾也是一样。当然水灾也是灾，治水也可以说是救灾的一种方式。救灾这种东西必须跨区域，不仅是水灾，还有旱灾、蝗灾，那都是影响一大片，整个区域大面积的绝收、闹饥荒，靠本土本乡是没法解决问题的，必须从其他地方调粮食才能解决。这就需要一个强有力的中央政府来组织协调，不然人家凭什么拿出自己的粮食去救济几百里甚至几千里以外的陌生人？

君主制作为一种古代政治制度，有氏族君主制、封建君主制和专制君主制等好多种。炎黄时代是氏族君主制，夏商周是封建君主制，春秋战国之后是专制君主制，春秋战国本身是一个过渡转型的时期，从封建君主制向专制君主制转型。但不管哪种君主制，它都是世俗君主制，不是宗教君主制。也就是说，国王或者皇帝的权力，不是靠说谎话来维持，不是靠吹嘘说君主的权力来自于上帝，而是说：君主的存在是为老百姓服务的，关键是能干好两件事，一件是组织军队对抗外敌入侵，同时顺便镇压一下内部叛乱、打击犯罪、维护社会治安；另一件就是能组织救灾，搞好公共服务让老百姓安居乐业。这是世俗君主该干的事儿，如果是宗教君主，那就是天天负责跟神仙上帝对话搞迷信活动，他的权力主要就是靠骗，搞一堆神秘的大祭司来通过宗教仪式获得权力。虽然咱们中国的国王君主也自称天子、受命于天，但那就是一层面纱、一个旗号，本质上还是世俗君主。

这两者怎么区分？为什么说中国君主说自己是天子就是表象，埃及法老说自己的权力来自于神就是本质？主要就看君主背后有没有一个实权的祭司阶层、神权阶级？有，它就是宗教君主制；没有，它就是世俗君主制。中国古代的政府，从炎黄古国开始，至少是从颛顼"绝地天通"以后，政府里边就不再有实权的祭司阶层或者神权阶层了。埃及就有，古印度也有，它的婆罗门就是祭司阶层，是最高等级，世袭的君主贵族都是刹帝利，只能处于第二等级。还有欧洲中世纪，教皇的权力有时候比国王还大，教会系统是一个独立的实权统治阶层。少昊掌权的时候，世俗君主制受到冲击，颛顼"绝地天通"给拨乱反正了；后来佛教传入中国，又搞出来一个佛教的宗教特权阶层，中国的军事勋贵阶层通过武宗废佛等一系列的斗争，又给纠正过来的。虽然有这些反复，但中国确实长期一直是世俗君主制。君主权力和中央政府权威大小，主要就是看对内对外的战争压力，还有就是自然灾害的爆发强度。战争压力大、自然灾害频繁，君主权力和中央权威就上升；战争压力小、自然灾害不频繁，君主权力和中央权威就会下降。

大禹治水，就是一个比较典型的自然灾害频繁带来的君主和它代表的中央政权权力强化的故事。这是在政治上来解读大禹治水的思路。

具体来说，大禹在治水过程中是如何获得权威的？我们首先来看，他治水的地方在哪里。这个很关键。他治水的主战场，在黄河和淮河流域的中上游，通过治理中上游，来实现对中下游的东夷族群和南蛮族群的控制。就相当于掌握了河流的总阀门，上游洪水暴发，下游肯定损失惨重。下游要想过安稳日子，那就得服从上游治水机构的安排、认可治水领袖的权威，领袖让下游出人就出人、让出钱就出钱，确保把上游的洪水治理好，下游地区才能安安稳稳过日子。

大禹治水最关键的地方，是龙门。大禹开龙门是大禹治水传说的重头戏。

　　龙门在哪里呢？主要有两种说法：一说在陕西韩城与山西河津之间的龙门山，这个地方是黄河穿过吕梁山脉流入关中平原的出口处；一说是洛阳附近的龙门山。关于洛阳龙门为大禹所开凿的记载较多，工程难度也相对小一点，而且它的影响可以波及淮河流域，能为大禹涂山会盟、会稽会盟的记录提供支持。洛阳附近也发现了王城岗遗址，与大禹治水的年代相符，可能是大禹治理伊河的指挥部。因此我们重点介绍洛阳的开龙门工程，但不排除大禹在韩城龙门山也有过类似治河活动。有可能大禹在这两个地方都疏导过洪水。

　　洛阳龙门山在洛阳南边，也在黄河的南边。有一条黄河的大支流——伊河，从这里流入黄河。《水经注》记载："昔大禹疏龙门以通水，两山相对，望之若阙，伊水历其间，故谓之伊阙。"

　　根据地质考察，这里的山体有一部分是喀斯特地貌，也就是有很多溶洞，是石灰石长期被水侵蚀以后形成的。伊河流到龙门山这里，河流通过喀斯特地貌流入黄河。但是溶洞跟正儿八经的大河道不一样，其泄洪能力非常有限。平时水少的时候，就通过溶洞流入黄河了，一旦发大水，它就堵住了，泄洪能力不足，堵在了龙门山这个地方，向四周疯狂泛滥。泛滥之后会找到一个主要的缺口，从东南方向灌入汝河。汝河不是黄河的支流，而是淮河的支流。淮河的泄洪能力比黄河差得多，而且它的中下游也是大平原，这一灌进去，整个淮河流域就惨了，铺天盖地的大洪水。那怎么办？这个问题在淮河下游部落控制的范围内是没法解决的，只能服从河洛地区领导的指挥，一起来把上游治理好。

　　大禹的父亲鲧，刚开始就想着多修建点堤坝，把伊河的水给围起来，不要灌进汝河，也不要泛滥到其他地方，形成一个大湖，慢慢地从龙门山的溶洞流进黄河。这个方法总是失败，因为泛滥的地方太多了，那个年代又没有钢筋混凝土，拿土石方堆个堤坝，很容易就被下一轮大洪水冲垮。堤坝抬高了水位，一旦垮坝，洪水的破坏能力比之前更大。所以说，鲧治水的努力，就宣告失败了。这也间接损坏了信任他的尧的威信，导致尧被舜发动政变给推翻了，鲧自己也被流放或者是处决。

　　大禹接替鲧的职务负责治水之后，他就变了一个思路，这就是我们今天常说的，叫"堵不如疏"。不修堤坝了，而是想办法疏通水道，提高伊河的泄洪能力，能够快速地把洪水排入黄河。他就组织人在龙门山这个地方，开挖河道。这就是著名的"大禹开龙门"。这个龙门今天还在，就在洛阳南边的龙门石窟那里。我们去龙门石窟游览，石窟旁边那条河就是伊河，大禹开凿的这条河道，就叫伊阙，也就是伊河缺口的意思。伊阙，也就是龙门。

后来很多人对"大禹开龙门"的真实性表示怀疑。因为龙门山是座石头山，不是土山，它由石灰岩和花岗岩构成，非常坚硬。大禹所处的时代是石器时代或者铜石混用时代，没有铁器，更别说钢，最多可能有一点铜，但铜是很软的，难以凿开钟乳石和花岗岩。至于火药，还要再过2000多年才被发明出来。一大堆人拿着木头和石器，怎么能凿开龙门山呢？后人推测，大禹采用的方法，应该是"火烧水浇"的办法。就是先用大火来猛烧岩石，等烧的特别烫了，再突然浇上去一盆冷水。利用热胀冷缩的原理，石头就会炸裂，变成很多碎块，这样就可以把非常坚硬的岩石给弄碎然后再搬走。后来秦国的李冰父子建设都江堰，也是用的这个办法；东汉时期还有人用这个办法在山上开凿了人类历史上第一条穿山隧道。用这个办法来开山，只要人力充足、组织得当，不需要铁器和火药也可以。所以开龙门这件事情在石器时代技术上可以实现，不违反科学。

尽管不违反科学，这么大的工程要实现起来也难度极大。正是因为难度极大，才让大禹因此成为夏朝的开国君主、中国人世代传颂的伟大英雄。在中国人眼里，干成一项大工程并不是什么稀罕事，中国历史上的超级工程太多了，都江堰、万里长城、大运河、秦直道、郑国渠，等等。能让一个人成为开国帝王的工程，必然需要把那个时代的人力、物力发挥到超出常人所能想象的极限。

龙门疏通以后，伊河的洪水就可以畅通无阻地流入黄河，不会再四处泛滥倒灌进入汝河了，同时解决了河洛平原和淮河中下游的洪灾问题。大禹可以说是居功至伟。但他不仅只开了一个龙门就完了，开龙门只是一个标志性工程。尧舜禹时代的大洪水是全球气候变化造成的，东亚地区整体降水量突然增加，中华大地上很多地方都有洪水泛滥的问题。大禹凭借开龙门的经验，到处去治理水患。其中比较重要的一条路线，是沿着汝河往下，进入淮河流域，治理淮河的水患。他在治理好伊河以后，顺流而下来到今天淮河中游的安徽地区。在这个地方召集淮河流域的诸侯——各个氏族的首领过来开会，研究怎么治理淮河。这种召集诸侯开会的方式，也是他作为新的国家领袖展示中央权威的方式。这次诸侯大会召开的地方在今安徽的涂山，史称"涂山之盟"。今天涂山所在的地方，还被称作"禹会区"——安徽省蚌埠市禹会区，就是纪念大禹当年在这里开会而起的地名①。

涂山的问题跟伊河龙门山的情况很相似：淮河从山体中间流过，河道过于狭窄，平时没事儿，一旦遇到上游发大水，洪水泄不出去，就四处泛滥。大禹用治理伊河的办法，对涂山河道进行疏通，增强它的泄洪能力，以此来解决淮河水患。

涂山的问题解决完了之后，他又继续顺流而下，来到淮河和长江下游的今浙江地区。在会稽山再次召集诸侯开会。这次开会的主要目的不是治水，而是算账，一方面要论功行赏，另一方面也要求下游地区分担中上游治水的成本。

后来也有人对大禹在会稽山召集诸侯开会表示怀疑。因为浙江地区在春秋战国时代还被认为是野蛮落后之地，大禹时代就更是一片蛮荒，大禹为什么要不远千里到那里去会盟诸侯？一直到几千年以后的20世纪，良渚古城被发掘出来，证明浙江地区在大禹之前1000年就已经拥有高度发达的文明，这个质疑才被打消。大禹去浙江会盟诸侯是理所当然的，代表了中原政权对长江下游氏族的征服和控制力空前加强。

对这次会稽大会，有一些下游氏族参与的积极性不高。治水的好处，他们已经得到了，但要他们分担成本就不大乐意了。其中有个部落叫防风氏，为了表达这种不满，就找借口说是路上遇到洪水道路不通，晚到了两天。大禹很生气，

---

① 《左传·哀公七年》里边说："禹会诸侯于涂山，执玉帛者万国。"万国是一个虚数，表明来参会朝拜的诸侯数量极多。考古发现，在大禹的时代，也就是距今4300年左右，中华大地上分布着许许多多很小的城邦氏族。这就是古籍中所说的"万国"。随着交通条件的改善，大的氏族城邦不断吞并小的氏族城邦，诸侯国数量开始慢慢减少。战国时期的古人，就已经从古史传说中总结出来了这样的规律。《战国策·齐策》里边说："当禹之时，诸侯万国……及汤之时，诸侯三千。当今之世，南面而称寡者，乃二十四。"西周时期分封和臣服的诸侯国加起来大约有400个，又经过数百年的征战兼并，到了战国后期就只剩下七八个大国了，最后被秦国统一为一个大一统的中央集权国家。《左传》里边说"万国"虽然是一个虚数，比较夸张，但并非虚构瞎编的，而是来自于时代传承的历史传说。大禹时代，中华大地上的氏族诸侯国真的很多，所以才有"执玉帛者万国"的说法。

决定杀一做百，把防风氏的首领抓起来，当着来开会的各地诸侯的面直接给杀掉了。

今天，在浙江德清县下渚湖街道，还有一座纪念防风王的祠堂，这里距离良渚古城遗址只有20公里，防风氏族应该就是良渚古人的后裔。良渚古城大约是在大禹之前一两百年被摧毁的。在德清县，一直流传着这样的民间传说：防风王是因为遇到洪水，紧急组织救援才迟到的，大禹误杀防风王之后才得知实情，深感后悔，下令在防风国建立祠堂并亲自拜祭。

杀防风氏首领，是大禹通过治水来强化中央权威和个人权威的表现。一个诸侯，说杀就杀了，其他诸侯也没敢表示不服，因为大家知道大禹掌握着上游的河道，也就控制了下游部落的命门。大禹也必须痛下杀手，不杀一做百，下游部落就不愿意分担上游治水的成本。经过这么一杀，记功算账大会才能顺利进行，大家对成本分担问题终于达成一致意见，统一服从中央的安排，经常性地进贡制度也顺利建立。

根据《尚书》的记录，大禹将其统治范围划分为九州①，并按照距离中原的远近来区分不同氏族对中央的义务：距离首都500里范围内的为"甸服"，是中央政府直辖区，人民直接向中央政府交纳谷物、牛羊等税赋；500里之外、1000里以内的是"侯服"，采用分封制，由中央分封的诸侯世袭统治，诸侯对人民征税，再向中央朝贡；1000里至1500里之间的是"绥服"，无须朝贡，但要帮助中央政府捍卫边疆，履行军事义务；1500里之外的是"要服"和"荒服"，属于蛮夷了。

"五服"体制体现了一种理性务实的政治治理原则——与中央交通越便利的地方，中央管控力度越大，越往边疆管控力度越弱。

大禹建立的这一套治理体系，相较于炎黄古国的霸权模式，又有了很大的进步。中华国家体制，从霸权制进入臣服制。霸权主要是诸侯经常性地朝拜霸主，相当于"绥服"，而臣服制则强化了分封制，规范了税收和进贡制度。不服从这

---

① 大禹并非将中国按照州来进行划分的第一人。《汉书·地理志》中记录，尧时期就已经把天下分为12州，禹后来再调整为九州。成书于战国时期的《容成氏（上博简竹书）》中，也记录了一些跟《尚书》中不一样的州名，某些州名似应在禹分九州之前就已经存在（陈伟：《竹书容成氏所见的九州》，《中国史研究》2003年第3期）。

套管理体制的，就会遭遇中央政府的征讨。尧舜禹时代，都对不服从北方中央政权的三苗进行过讨伐，大禹就曾经亲征三苗。经过大禹的征伐以后，三苗这个概念就从古史记录中消失了，说明征伐取得决定性的胜利。诸多考古学家认为，石家河古城被毁灭就与"禹征三苗"有关，因为"中原龙山文化对石家河文化的取代，正好与文献中'禹征三苗'而使其'无世在下'的记载吻合"①。即"在公元前2100前后，王湾三期文化②和石家河文化之间发生了戏剧性的巨大变化，王湾三期文化在短时间内大规模南下，造成方圆千里的石家河文化的覆亡，城垣被毁，特殊的宗教祭祀物品基本不见。这样剧烈变化，绝不可能是一般性的文化交流、贸易等可以解释，只有一种可能，就是中原和江汉之间大规模的激烈战争所致"③。

大禹在会稽山开完会之后，没多久就去世了。有一种说法是大禹杀掉防风氏这件事情还在当地激起了一些不满和反抗，所以他开完会也没能很快就离开，而是一直在组织安抚或者镇压这些反抗。最后，他就死在了会稽山附近，并安葬在这里。今天，会稽山上还有大禹的陵墓。

大禹的一生，是奔波劳碌的一生，他生于长江之头、葬于长江之尾。走遍了祖国的大江大河，治理各地水患，完善了国家治理体制，最终成为炎黄古国之后的新一代中华国家——夏王朝的开创者。他在治理水患过程中"三过家门而不入"的奉献精神，"堵不如疏"的治水智慧，永远都是我们中华民族的精神财富。有很多人拿大禹治水的故事跟《圣经》中诺亚制造方舟躲避大洪水的故事进行比较：中华文明传说中的伟大人物，在面临自然灾害的时候，选择的是迎难而上，用智慧和汗水来战胜灾难，为人民造福；而《圣经》中的英雄人物，则完全不敢对抗上帝的意志，只能制造一个方舟来躲避大洪水，被动地等待洪水退去，眼睁睁看着洪水把绝大多数人类和动物都给淹死，只保留少数的幸运者。两相对比，我们更有理由为我们中华文化感到骄傲。

---

① 杨新改、韩建业：《禹征三苗探索》，《中原文物》1995 年第 2 期。
② 王湾三期文化是指约公元前 2400 年以后的龙山时代晚期，中原腹地的考古学文化，亦称为河南龙山文化。
③ 韩建业：《龙山时代的文化巨变和传说时代的部族战争》，《社会科学》2020 年第 1 期。

附录：古籍与考古中的中华上古史

中华古史传说系统大致成型于战国与西汉时期。从那以后一直到近代，三皇五帝、尧舜禹夏商周之说，一直被视为信史记录，毋庸置疑。直到近代，以胡适、钱玄同、顾颉刚为代表的一批学者，主张以西方近代社会学、考古学的方法，研究中国古代的历史和典籍，并大胆地提出质疑，被称为"疑古派"。其中，顾颉刚提出了著名的"层累地造成的中国古史"的观点。他着重地考察了中国古代思想文化的源头，认为："时代愈后，传说中的古史期愈长。"他发现，周代典籍中最古的人是禹，到孔子时才有尧、舜，到战国时才有典籍提到黄帝、神农，到秦才有"三皇"的说法，到汉以后才有盘古的神话出现等。顾颉刚以此认为，大禹之前的传说都是后人编的，并非真实的历史。这一说法石破天惊，不仅轰动了古史界，给整个文化思想界都制造了一番大地震。

疑古派思潮冲击了统治中国两千年的儒家正统史观，对中国人重新认识自己的古史起到重要的作用。"三皇五帝"的传说不是信史，这一观点从此以后一直为学界公认。但包括胡适、顾颉刚在内的很多疑古派学者，在"疑古"的问题上走得太远，比如，错误地将《孔子家语》等一批价值宝贵的古籍认定为伪书，不仅质疑"三皇五帝"之说，甚至连大禹、夏朝乃至商朝的存在都不相信，认为中国的信史只能从西周开始，甚至要从春秋战国开始，认为"东周以前只好说无史"（顾颉刚语）。这在近代西方殖民入侵、中华民族文化自信空前低落的时刻，对中国人民奋勇抵抗殖民入侵、追求民族独立和文化复兴的努力，起到很负面的影响。"中华文明只有不到三千年""五千年历史是吹牛皮"等说法流传极广，影响至今。

顾颉刚、胡适、钱玄同等人，都是学养极为深厚的大学者，他们提出的疑问，要想仅从古书上去反复考证加以反驳，是基本不可能的。要想重新树立中国人对自己五千年文明史的信心，只有一个办法，就是靠踏踏实实地去考古，把在数百万平方公里土地上掩埋了3000年以上的古迹发掘出来，用被近代科学方法认可的方式来证实中华古史。

这是一个比埋头于书斋困难得多、辛苦得多的工作。考古发掘，为了保护遗址文物，不能动用机械或大型工具，就是一个小铲子、一把小刷子年复一年日复一日的，在人迹罕至的荒野中，顶着风吹日晒雨淋，慢慢地根据土地的密度和颜色差异，从中挖出一座古城出来。一处上古大型遗址，往往需要几十年的发掘才能得以看清其全貌。

从1928年考古学家前往小屯村挖掘商代甲骨开始，时间已经过去了差不多100年。这100年在历史巨变、风云变幻之中，考古工作者埋头于荒野，一块块陶片、一颗颗稻粒、一片片甲骨的挖掘研究，终于得出科学可靠的结论：中华文明的历史，远远不止5000年。特别是良渚古城和南佐古城的发现，证明了即使按照十分严格的标准来看，中华文明史也超过5000年。通过对甲骨文的分析，也证明了《竹书纪年（古本）》和《史记》中记录的商王世系的十分准确，必然有可靠的原始资料作为参考，而非仅来自于传说。二里头古城的发现，为夏的存在提供了有力的支持。陶寺古城的发现，证明尧舜时代确实存在有广域影响的王权。而庙底沟文化的传播范围，更证明在黄帝时代以前中华文明共同体便已初步形成。

但是，由于在商代以前的古迹中没有发现系统的文字，这些考古发现的古迹与商代之前的古史记录能否相互印证尚难以定论。商代之前的考古发现和古史记录之间的关系，应该是舞台和剧本的关系。在没有文字的时代，考古只能发现舞台，而不可能发现剧本。要了解商代以前的古史，舞台也要研究，剧本也要研究，既要知道考古结论，也不可忽视古史记录。

对记录商以前历史的古籍资料的使用，长期以来，就有"疑古"和"信古"

两种态度。疑古派"层累而成的古史"说，不为无见。上古历史在传播过程中，总是在被不断地改写，诸多内容细节越到后来反而越丰富。但这些丰富的细节，有很多不可信，但并不一定都是作伪，可能是某些关键文献传承中断造成的。毕竟越古老的文献，就越容易失传。同时，也要考虑到后代学者不断将非文字的传说整理成文所做的贡献。上古传说，从夏朝以后才以中原为主要舞台，中原地区的历史记录只能追溯到夏朝并不奇怪。再往前，神农、炎黄、尧舜的主要活动区域都不在中原，他们的故事要等到春秋战国时期各大区域文化大融合之后，才由学者将其从传说整理为文献资料，也很正常。整理过程有错误，并不能就因此说整理者作伪。比如，西晋时期才出现的《帝王世纪》中记录了商王武丁有一个叫孝己的儿子早死。这个事情在西晋以前的古籍中从未出现过，《史记》《竹书纪年》等都没有记载。但它最终得到近代甲骨文研究的证实。武丁的儿子继承王位以后，还在祭祀这位"兄己"，武丁的孙子登基以后又继续祭祀这个"小王父己"[①]。这说明西晋的整理者确实掌握了某些我们今天完全不知道的可靠的上古资料。我们也就不能仅因为某条史料出现得很晚就简单否定其真实性，甚至干脆咬定是整理者作伪。

当然，最严谨的研究上古史的方法，就是一切按照考古发现说话，用考古的专业语言讲述没有文字出土的时代的历史，完全不去对应史籍记录。但这就会让上古史变得非常枯燥乏味。最有利于我们普通人探知上古历史真实的做法，应该是先立足于相信诸如《史记》《竹书纪年》这类由专业史官编纂的正史记录，形成一个初步的历史发展脉络，再结合《尚书（今文）》《国语》等传世上古典籍以及一些最新的考古所发现的古籍如清华简、上博简等，对这个脉络进行补充。如果有甲骨文这种过硬的考古证据能证明某些地方有误，再予以修正。也就是先"信古"再"疑古"。比如夏朝的存在与否，既然有二里头遗址证明在商之前存在一个广域王权国家，又有《史记》和《竹书纪年》同时记录的夏王世系，则当然应该认为夏朝是真实存在的，夏的历史当为信史，并以两书的记录为基础研究夏朝。这也是本书基本的写作思路。

---

① 李硕：《翦商：殷周之变与华夏新生》，广西师范大学出版社 2000 年版，第 241—242 页。

夏商时代：广域王权与甲骨文

　　大禹虽然名义上担任国君，由于长期在外边治水，河洛这边中央政府的工作应该一直都没时间主持，主要是他的儿子夏启和宰相伯益负责。他死在会稽这么遥远的地方，也没来得及认真安排继位问题。大禹死了以后，夏启和伯益谁来继承君主的位置在贵族内部也出现了争议。《史记》里面说伯益威望更高，但主动离开了首都，把君位让给了夏启。从尧一直到启，《史记》的记录都是全面采纳孔子的说法——不想当君主、不想把君位传给儿孙的圣人辈出。这有点过于理想化，恐怕不符合历史事实。还有一种说法是夏启和伯益为了争夺王位的继承权展开了旷日持久的战争。《竹书纪年》里边说的是"益干启位，启杀之"。两边的战争持续了很久，夏启可能还被抓起来囚禁过一段时间。但最终夏启还是成功击败了伯益，获得了王位的继承权，终结了尧舜禹时代君位传承的乱局，进一步确立了君主世袭制。

　　夏启确立君主世袭制的战争，最有名的一仗是与反对他继位的有扈氏的"甘之战"①。此战以夏启的胜利而告终。

夏启通过战争获得王位继承权以后，那些相信尧舜禹之间是和平"禅让"的人就说，这是一次历史发展倒退，"公天下"从此就变成"家天下"，以前都是选择品德高尚才能突出的人继位，大家都是一心为公的，从夏启开始就是一家一姓永远垄断王位。这个说法并没有什么道理。如果真的相信古史，那么在尧之前，炎黄古国的国君一直就是在黄帝家族内部继承的，黄帝死了就是他儿子少昊继位，少昊死了就是他弟弟的儿子颛顼继位。只是到了舜上位，才出现非黄帝后裔担任君主的情况，这是一个特例而非惯例，而且很可能不是和平交接。还有第二条，原始部落的推举制，比如蒙古和后金的大汗推举制度，都是在上一任大汗儿子、兄弟内部推举，没有跨家族的推举。血缘继承在尧舜禹之前有、之后也有，不存在搞君主血缘继承就从"公天下"变成"家天下"的问题。相反，舜与朱丹的战争、夏启继位引发的战争，都说明一个问题：最高权力的交接是一件非常危险而不是一件浪漫的事情，这在上古时代、中古时代和近现代都一样。如果没有一个非常清晰明白的规则，那每一次交接都肯定是腥风血雨。

夏启死了之后，他的儿子太康继位，没过多久又被来自东夷族群的后羿发动政变给赶下台了，被称为"后羿代夏"。几十年后，太康的孙子少康长大成人，在忠于夏后氏的各大氏族支持下，发兵攻进首都，恢复了夏朝的王位。到了少康这一代，夏的君位继承制度才算稳定了下来。从此以后，国家进入一段长期和平发展的时期。

从炎黄古国早期的少昊氏在东夷继位带来的风波，再到尧舜权力交接带来的改朝换代的战争，以及夏启和伯益的战争、太康失国与少康复国的战争，通过无

---

① "甘之战"的地点，也有两种说法。一种说法是爆发于关中地区，那么就是炎黄内部的斗争。夏启带兵从河洛地区逆流而上，在关中平原南边的甘这个地方，跟反对他继位的有扈氏打了一仗。那个地方历史上一直叫户县，也就是现在的陕西省鄠邑区。鄂、户、扈这三个字的读音是一样的。户县就是当年有扈氏的领地，它西南部有一条甘峪河，发源于秦岭山脉，从甘河镇穿过。户县和甘河镇都跟古籍里边对甘之战的描述对得上。另一种说法是爆发于河洛平原地区。《左传》中记载，东夷少昊氏里有"九扈"这个官名，分管农业的，有扈氏应该就是其领袖担任九扈一职的氏族。那么这就又是一次炎黄与东夷争夺领导权的战争。《尚书》里边，保留了一篇叫作《甘誓》的文献，就是夏启发动甘之战的军令，这也是中国历史上最早的一篇军事文献。

数次血与火的教训，中华古人才摸索出来一套比较稳定的最高权力交接制度。在交通、信息传播、文化程度都非常落后的农业社会，王位的血缘继承制度是最有利于社会长治久安的制度，有利于中央权威的建立和政府的高效运转。从部落推举制到血缘继承制，这是一段政治制度不断完善，政治文明不断进步、改进的历史。

夏的存在，有比较明确可靠的文献证据。《尚书·多士》中就有"成汤革夏"之语；《尚书·召诰》中周公说："我不可不监（鉴）于有夏，亦不可不监（鉴）于有殷。"周公借鉴历史经验的时候，就把殷和夏并列，即将夏视为跟殷一样的朝代。孔子《论语》中说："夏礼吾能言之，杞不足征也。"又在《礼记》中说："我欲观夏道，是故之杞，而不足征也，吾得《夏时》焉。"也就是孔子不仅明确夏的存在，还能了解部分夏代的体制，而且在孔子时代，商朝分封的夏后氏后裔所居住的杞国还在，他还去了杞国一趟，虽然没有收集到让自己满意的资料，但看到夏的历法。孔子看到的文献可能不全面，但杞国作为夏人后裔所居之国是客观存在的。商朝将夏人后裔分封于杞国，周朝继续分封，在春秋时期杞国还保存着夏时代的历法，此事一定为真。春秋战国关于杞国的记录非常多，关于夏的文献可能伪造，杞国这么一个当时还存在的诸侯国不可能是孔子伪造出来的。

尤其重要的是，现代科学家将二里头遗址的人类遗骨做了基因分析，发现二里头人群与华北地区的汉族人群确实有很近的遗传关系，其中联系最密切的有三类，一是北部、东北部的蒙古族人群，二是山东（尤其是淄博和青岛）、山西、河南的汉族人群，三是西北地区的汉族和少数民族人群[1]。与蒙古族人群的关系，《史记》中记录说"匈奴，其先祖夏后氏之苗裔也"，也就是秦汉时代活跃在蒙古高原的匈奴人为夏朝人的后裔；与山东、山西、河南汉族的关系，古籍中记载的杞国在商朝的封地是河南杞县，西周又改封到山东淳于（位于今淄博和青岛之间）一带。至于和西北人群的关系，黄帝氏族为夏朝始祖，历代古籍均记载其发源于西北。考古分子人类学的结论进一步证明了古籍中夏朝记录的可靠性。

不过迄今为止，我们尚未在考古中发现夏朝的文字，商朝的甲骨文也只是用

---

① 刘皓芳：《河南二里头遗址夏代人群的分子考古学研究》，中国科学院研究生院，2011 年。

来算卦的卜辞。算卦主要是祭祀神仙和祖先，向他们询问未来将会发生的事情，不会记录历史故事，更不会去提前朝的历史，因此甲骨文中没有发现关于夏代的记录。有关夏代的明确记录最早只出现在西周时期。而西周史料保存至今的也极少，其中关于夏代的历史也相当简略，这就让很多人怀疑夏是否真实存在过。

既然在夏朝之前的陶寺古城时代就已经有广域霸权国家出现，陶寺毁灭之后的500年间历史当然不会倒退到氏族邦国社会。1959年，考古学家在河南洛阳附近发现了距今3800年至3500年的二里头遗址。鼎盛时期的二里头遗址范围超过300万平方米，其中，宫殿区的面积不小于12万平方米，还有长700米、宽十米的城市大道。再加上考古学发现的二里头文化辐射范围，证明了在史料记载的夏朝中后期，中原地区确实已经出现了广域王权，比陶寺古城所代表的广域霸权又进了一步[1]。夏朝的存在才算是有了比较可靠的考古证据[2]。

此外，《礼记·缁衣》中有"惟尹躬天见于西邑夏"的说法。近年来整理出的清华简《尹诰》中有"尹念天之败西邑夏"；清华简《尹至》中又说"自西捷西邑，戡其有夏"。这里的尹是商朝名臣尹伊，辅助商汤灭夏的关键人物。学者据此认为，商人可能把夏称之为"西邑"。因为商是东夷，夏朝在其西方。而"西邑"这个词在甲骨文里是有的，而且出现过很多次。甲骨文中，商人把祖先所居之地称之为"大邑商"，与"西邑夏"类似。大禹有南征三苗的武功，又在涂山、会稽会盟诸侯，夏朝鼎盛时期的控制范围应该与黄帝不相上下。但上古王朝，到中后期控制范围都会大幅度萎缩。估计至少从夏朝中期开始，夏朝就已

---

[1] 广域王权为二里头考古队队长许宏在《何以中国》中提出的概念。另外一种演进路径是严文明提出的"古国—王国—帝国"模式。韩建功在此基础上分析提出，二里头之前包括陶寺在内的文化都属于古国，陶寺最多只能算是"雏形王国"，其影响由"局部变为接近全局"，只有二里头文化"能够海纳百川菁华而又播之四海，对周围影响的深度和广度空前提高，才算形成稳固的世袭王权，进入真正的王国阶段"（《中华文明的起源》第113页）。本书认为，"雏形王国"是一种介于区域王权和广域王权之间的概念，即王权主要在局部区域内有效，对广域全局的影响以霸权形式为主，故以"区域王权—广域霸权—广域王权"作为夏商即以前上古历史演进脉络的模式。区域王权为古国，如石家河、良渚等；广域王权为王国，夏商周都是；二者之间的过渡形式陶寺形态为广域霸权。

[2] 二里头是夏文化的代表为学界公认。但二里头是否一定是夏朝的都城还存在争议，它的面积小于陶寺，而且没有发现陶寺那样的王者大墓。它可能只是夏朝的"次中心"或"副都"而非首都。

经基本失去对东夷地区的控制权[①]。商人统一东夷之后，便将夏视为与"大邑商"平等的"西邑"之国。

夏的最高统治者不称王，而是称后。当时可能有"诸夏"的概念，即诸多炎黄氏族都自称夏，其中居于统治地位的氏族被称为"夏后氏"。《诗经·大雅·荡》中留下了"殷鉴不远，在夏后之世"的成语。这里的"夏后"就是指的夏后氏，夏后之世就是指的夏后氏建立的朝代，而不是夏后边的朝代。建立周朝的氏族也自认为是"诸夏"之一，在西周官方文献中才有"肇造我区夏"之语。

夏朝经过400多年，最后终于土崩瓦解，被来自东夷族群的商族推翻。

商灭夏这个事情，是中国历史上第一次改朝换代。据《史记》记载，因为夏朝最后一位君主桀是一个暴君。从后来的历史来看，亡国之君一般都会被扣上暴君或者昏君的"帽子"，但一个庞大王朝的落幕，不大可能是末代君主个人的责任，必然是整个政权精英阶层长期整体腐化堕落的结果。

商人的始祖叫"契"，因为曾经协助大禹治水有功，被封于商，也就是今天的河南商丘[②]。商族因此而来。

炎黄为代表的华夏族群，长期以来都是定居式的农耕生活。商族则是半农半牧的迁徙式生活方式。如果是野草茂盛的土地，那就用于放牧；如果是森林，就采用"刀耕火种、广种薄收"的方式来耕作，先防火烧山，灰烬用于肥地，然后播种等待收获。刚开垦的土地比较肥沃，随意播种也可以收获不错。经过一段时期的种植，土地就会变得贫瘠，他们就会另外寻找合适的地方重新放火获得新的土地。这种耕作方式被学者称之为"游农"。

商族的首领契之前被大禹分封到商丘，但商族没有因此改变生活方式，没有在封地定居，他们把土地开发的差不多之后，就放弃了这块封地，自行往东北方

[①] 考古发现，与夏早期文化对应的王湾三期文化对江汉地区影响较大，而对华北黄河下游地区影响较小（《中华文明的起源》，第195页）。夏朝很可能从一开始就对黄河下游地区缺乏统治力。夏与早商可能是长期并存的两个政权。

[②] 也有说古商丘在河南濮阳或河北漳水流域（王玉哲：《中华远古史》，上海人民出版社2019年版，第177—180页）。

向迁徙，进入河北甚至东北地区。从先祖契到灭夏这段时间，商族经历了14代首领，迁徙了八次。

商族推翻夏朝以后，占据了中原之地，成为中央霸主，刀耕火种、半农半牧的生产方式也跟着改变，开始了长期定居和定都的生活。商汤建都于亳，也就是今天的河南郑州市，在这个地方定都了150年之久。

定都于亳150年后，商朝衰落，内部因继位问题出现了严重内乱并因此多次迁都。这场内乱经过九代商王才终结，史称"九世之乱"。一直到第十九代商王盘庚迁殷之后，才又稳定下来，重新进入一个长时间的繁荣时期。

定居于亳之后，商族的农耕和手工业等的水平得到迅速发展，青铜器制造水平也达到一个新的高峰，远远超过夏朝中后期二里头遗址的水平。亳都遗址——也就是郑州商城在1955年才被考古学家发掘出来，城市总面积高达2500万平方米。之前南佐、良渚、石峁、陶寺、二里头这些上古大城都是百万平方米级别的。而殷墟遗址面积就更大，核心区面积就超过3600万平方米，核心区外围还不断有卫星城或手工业聚集区被发掘出来。在殷都南边，还修建了一座城墙内面积达600万平方米的朝歌城，专门用于军事防御。商朝最后一代君主商纣王就是在朝歌城中自焚而死。

东夷和华夏相比，一直就是农耕定居文明相对欠发达、渔猎游牧商业等活动更不发达，其原始宗教迷信活动盛行，才有黄帝死后"少昊之衰，九黎乱德"的事情，然后颛顼铁腕整治，"绝地天通"恢复了华夏正统。商人作为东夷族群的代表，也十分喜欢搞原始宗教迷信，还有杀俘献祭和殉葬的野蛮风俗。尽管商朝在城市建设和手工业发展方面超过夏朝，但其野蛮落后的风俗却被保留了下来，其中最恐怖的，就是大量的人牲和人殉。

所谓人牲，就是把活人当成祭品杀掉祭祀天神和祖先；所谓人殉，就是贵族死后把奴隶妻妾等人杀掉为自己陪葬。

胡厚宣曾经从著录甲骨文字的90种书刊，以及他自己长年搜集尚未著录过的甲骨资料中找出大量有关人祭的卜辞。光商王武丁时期的人祭卜辞就有甲骨673片，卜辞1006条，祭用9021人，另外有531条未记用人数。其中一次最多用

500个奴仆作祭祀[1]。

　　这些人牲的来源，主要是战俘。商朝王族的主要工作之一，就是不断地组织军队四处征伐，俘获战俘，然后大批量地杀掉祭祀鬼神。每次出征之前，商王都会请祭司在龟甲上刻字占卜，询问战争的凶吉；祭祀之前，又会再次占卜，询问杀掉多少俘虏和多少牛羊来祭祀神灵，神明才会满意。因此，这些掳掠战俘杀掉的事迹，就被大量地记录在甲骨文之中，又被考古发现的祭祀坑所印证。

　　杀人祭祀的理由很多，比如修建王宫，奠基的时候要埋人，而且专门用儿童；打桩立柱的时候要杀人，被杀者尸骨就埋在地基里边；安门的时候要杀人，最后修建完成了举行落成典礼，再在建筑物的前边挖坑埋一些活人作为祭祀。殷墟小屯北地乙组基址是王家宫殿遗址，其建设从奠基到落成，就杀埋了889人；丙组基址为祭祀的地方，建设过程又杀了97人[2]。

　　陪葬的情况也相当普遍。殷墟附近的大墓普遍陪葬人数在三四百人。而一般的中型贵族墓葬，也普遍有数十人殉葬。在首都以外的地区，比如大司空村，这里只是普通的商族人聚集地，在小型墓地里边，也发现了不少殉葬，殉葬人数一般只有一两个人，应该是稍微有点钱的商族人，将其蓄养的奴隶杀了陪葬。可见殉葬是商族内部从王公贵族到一般富民都喜欢的风俗[3]。

　　由于高度迷信，商王特别喜欢占卜问神，各种战争和祭祀都要让祭司在甲骨上刻字占卜，这就让大量的文字被刻在甲骨上保存下来。经过几千年的掩埋，终于在近代被考古学者发现，让甲骨文成为迄今为止中国历史上最早的成熟文字。相反，夏人没有这种落后的习俗，也就没有把文字刻在甲骨上的做法。夏人可能也有文字，但刻在竹片或木头上是无法在地下保存数千年的。因此夏时期及其以前的考古，一直以来没能发现比较系统的文字。商朝也有刻在竹片上的文字，因为甲骨文中已经有了"册"这个字，《尚书》中也说"惟殷先人，有册有典"。但这些正式的典籍也无一得以保存。

　　为中华文明留下最早文字记录的，恰恰是商人占卜人牲这种落后野蛮的习

① 胡厚宣：《中国奴隶社会的人殉和人祭（下篇）》，《文物》1974年第8期。

② 胡厚宣：《中国奴隶社会的人殉和人祭（上篇）》，《文物》1974年第7期。

③ 胡厚宣、胡郑宇：《殷商史》，上海人民出版社2003年版，第152—159页。

俗，这是一件颇让人感到尴尬的事实。

商人尚武，喜欢四处征战，相比夏朝，再次扩大了中原中央政权的实际控制范围，推动了中华文明共同体的进一步发展。空前广阔的统治疆域、高度发达的青铜器手工业、2000万平方米以上的巨大城池和最早的成熟文字，是商王朝为中华文明做出的四大重要贡献，也因此将中华文明推到一个新的高度。但在宗教迷信和大规模人殉方面，相较于夏朝又有所退步。商就是这样一个复杂而神秘的时代。

武王灭殷：民本仁政思想的胜利

商朝经过400多年，又再次土崩瓦解，被来自炎黄族群的周族推翻。

周天子的直系祖先叫作"稷"。稷的本意，就是稻、粟、稷三大农作物中的一种。在炎黄古国和夏王朝，稷同时还是官位名称，也就是分管农业耕作的官员。炎黄古国时代一直到西周，重要的官位都是家族世袭的。周天子的祖先世代担任稷这个职位，周族人就把稷当成是最高祖先神来祭祀。

商灭夏之前，夏朝内部政治混乱，周人祖先可能是在政治斗争中失意，不再在朝廷中任职，带领族人回到周原——也就是南佐古城所在的董志塬附近生活。周人掌握着可能是当时全中国最先进的农业耕作技术，他们从周原出发不断往外扩张，逐步进入并控制了关中平原。随着商王朝控制力的扩张，周人还是不得不对商王表示臣服，接受其分封，被封为"西伯"，为西方诸侯之长。周国就成了商王在西北地区的统治代表。

商王贵族非常喜欢抓获战俘杀掉来做人牲，这些人牲往往被称之为"羌"。甲骨文里边经常记载商王用几个羌、几头牛来祭祀，这些作为战俘的羌人，在商王眼里就跟牛羊没有区别。甲骨文里边有个字"用"，就是用于祭祀的意思，一般是用羌，还有用牛、用羊等，商王几乎每次占卜都要用羌，就是杀掉祭神，而且用的花样百出：伐羌，就是枭首；肠羌，就是拽肠子清内脏；卯羌，就是一刀竖着劈成两半；叡羌，就是挂起来风干；脯羌，就是煮头；等等，各种残杀虐杀。而羌的来源主要就是西北方向的落后氏族。

周人为华夏后裔，与夏后氏长期通婚。周文王的王后叫太姒，据说就是夏启的小儿子姒武观的后代。周人长期以农耕为生，宗教迷信思想色彩很淡薄，也没有人牲和人殉的习俗，对商朝统治者血腥野蛮的做法相当不满。他们来到周原以后，跟西北地区的地方氏族既有争夺地盘的斗争，也有文化经济上的合作交流。周人深知商族武力强大，仅靠周人自己的力量绝对无力与之抗衡。要推翻商的统治，就必须要与羌人等各个被商人残酷迫害的氏族联合①。

所谓"物极必反"，殷商贵族的血腥暴政，在周人中催生了一个让中华文明大飞跃的概念——仁义道德。为了团结诸侯、强大周族，周国国君采取与商朝完全相反的政治路线，对内对外都奉行怀柔策略。其典型代表就是周文王姬昌。他对内奉行德治，提倡"怀保小民"，大力发展农业生产，实行裕民政治，就是征收租税有节制，让农民有所积蓄，商人往来不收关税，有人犯罪妻子不连坐等。姬昌自己也生活勤俭，穿普通人衣服，还到田间劳动。对外，他主张公平对待周边相对弱小的氏族，而且积极充当各个氏族诸侯之间冲突的协调人。

《史记·周本纪》记载，诸侯国虞国、芮国发生纠纷，闹得不可开交，没办法想请姬昌仲裁。及至周地，看到周国人相互谦让、长幼有礼，非常惭愧，说道："吾所争，周人所耻，何往为，只取辱耳。"相互礼让而去。诸侯听闻了这件事情，凡是有矛盾纠纷都来找姬昌评判。这个故事显然有夸张的成分，周人在西北方向的霸权是建立在军事征伐基础上的，不可能主要依靠"以德服人"，但在征伐的同时注意以仁义道德来感化团结小国，也是必然之举。

据说，姬昌还干过一件事。商纣王发明了炮烙的酷刑，就是把人绑在铜柱子上，在柱子下边烧火将人活活烤熟。商王用酷刑来虐杀战俘、奴隶是传统，但商

① 青年历史学者李硕在《翦商：殷商之变与华夏新生》和《孔子大历史》中提出，周族很可能有在西北地区为商王捕捉羌人俘房的任务，周人其实是商王残杀羌人的帮凶。本书作者也认可这一说法。但周族本身不搞人牲人殉也是事实。他们仅是为了自身生存才被迫履行对商王的义务，内心却极为抵制这种做法，和羌人之间表现为既有征伐杀戮又有惺惺相惜的复杂关系。最终，周人选择了与羌人联合来推翻商朝的残暴统治，羌人也知道周人之前的暴行是为商朝所逼迫，其苦难的根源在商而不在周，终于放下血仇与周人结盟。本书的说法在这个方面与《翦商：殷商之变与华夏新生》中列举的相关证据并不矛盾。

纣王这个酷刑这么出名，可能是把它用到对付诸侯甚至王公贵族头上。姬昌就表示愿意用周国洛河附近的一块土地来换取废除炮烙的酷刑。商纣王同意了这个请求。就这样，姬昌的仁德之名不仅在西北地区传颂，连商朝的贵族大臣也对此表示赞赏。

以仁义道德的原则来治理国家和处理国际关系，成为姬昌的一大法宝，这在之前的中国历史上也从未出现过。商朝打着信仰天帝的旗号，进行血腥统治，与仁德无关；夏启在《甘誓》中就有"恭行天罚"的说法，可见夏人也有打着天道进行统治的意识形态。夏朝统治虽然不如商人那么残暴，但没有任何痕迹表明夏朝统治者曾经将天道解释为仁德。统治者应该以仁德来治理国家，构建社会秩序和国际秩序，这个观念是周人最先发明的。上天、上帝这种超自然的主宰，他们的价值立场被周人锁定了——只能是仁，绝不是暴，这就从意识形态根基上否定了商王打着祭神的旗号随便猎杀羌人的合理性。

——在政治斗争先树立一个新的意识形态，用于对抗统治者的意识形态，借此获得革命的合法性以团结各种力量推翻统治者的方式，也在中国历史上第一次出现了。

周文王姬昌通过高举仁义道德的政治旗帜，迅速团结了全国各地深受商朝暴政压迫的氏族诸侯，甚至在商朝的王公贵族中间也争取了一部分同情。其中，姬昌还采取了一个关键步骤，就是邀请羌人中的贵族代表——姜子牙担任太师、首席智囊，又让太子姬发娶了姜子牙的女儿邑姜为妻。姜子牙与周王室联姻，周人与羌人遂结为牢固的政治同盟[①]。

通过这些政治手段，姬昌已经基本上把推翻商朝统治的行动准备成熟。这也引起商王的警觉，商纣王曾经以接受赏赐的名义把姬昌招到首都然后囚禁在羑里。但商朝贵族内部早已腐朽，且其中不乏同情姬昌之人。姬昌通过游说、贿赂

---

① 姜这个姓氏，就是从羌这个字来的。上古大姓都要带女字旁，姜姓其实就是羌字下面加了个女字。周人在西北地区长期和羌人交流，周国内部也就形成了两大政治力量：姬姓和姜姓。姜姓族群，是羌人融入华夏农耕文明的族群代表。傅斯年在《姜原》一文中指出"姜羌为一字"。《后汉书·西羌传》里边说："西羌本出自三苗，姜姓之别也。"本书前文曾考证炎帝与三苗同源，又有炎帝为姜姓之说。姜姓与羌人的联系可谓由来已久。

等方式，让纣王周边的亲信纷纷劝说纣王释放姬昌。纣王终于相信姬昌是忠臣，不仅释放了姬昌，而且赐给他弓矢斧钺，让他拥有代天子征伐之权。

姬昌在世期间，一直没有直接发兵攻打商朝，而是壮大国力，等待合适的时机。姬昌去世之后，他的儿子周武王姬发带兵来到周商交界处的孟津，试探诸侯和殷商贵族的反应。各地诸侯纷纷带兵前来朝拜，支持武王伐商。但商朝贵族内部仍然保持团结，周武王觉得时机还不够成熟，带兵返回，史称"孟津观兵"。

又过了两年，商纣王与贵族之间的矛盾进一步激化，纣王杀大臣比干，囚禁太师箕子，把长兄微子赶出朝廷回到自己的封地。比干、箕子、微子这三个都是王室贵族，主张改革暴政推行仁政的，被称为"殷末三仁"。这三个人或死或囚或走，殷商统治阶层内部矛盾彻底激化，到了完全不可调和的阶段，又有太师疵、少师强等朝廷重臣直接出逃奔周。

这个时候，武王才认为推翻商朝的时机已经成熟，宣布"殷有重罪，不可以不伐"。带了5万兵马，正式渡过孟津伐商，其中周人精锐只有3000人，其余的则是羌人等各地盟军。

商纣王认为这个数量的军队想要造反就是个笑话，压根就没想到要利用朝歌高大的城墙组织防御，而是带领70万大军前去镇压。但这70万军队中大部分都是被迫服劳役的奴隶，其中很多羌人，他们根本就不可能心甘情愿地为商王卖命。双方在牧野之地交战，大部分羌人奴隶直接临阵倒戈。相反，姬发带领的5万大军都是训练多年的精锐，其主帅就是姜子牙。他和他带领的羌兵跟商王有着几百年不共戴天的血海深仇，冲锋陷阵根本不需要动员。姜子牙70多岁了，还亲临第一线组织冲锋。

《诗经·大明》记录了这次战争的场面："牧野洋洋，檀车煌煌，驷騵彭彭。维师尚父，时维鹰扬。凉彼武王，肆伐大商。"

战斗从早上开始，到了中午商王大军就被击溃。纣王仓皇逃回朝歌，但他已经没有足够的兵力守城了，只能在宫殿中引火自焚，商朝遂灭亡。

此后，武王再派遣姜尚等大将分兵攻打其他忠于纣王的势力，也很快取得胜利。

周灭商之战，是一场真正意义上的闪电战，周王大军只用几天就推翻了一个持续时间达500年的超级王朝。商纣王也确实是众叛亲离，几乎所有的诸侯都支持周王。商朝贵族内部，也有很多人对纣王相当不满，对周王有同情心理。毕竟文明在进步，即使商朝贵族中也不乏良知的人士，不可能都对大规模人牲视而不见。商纣王压抑这些内部改革派，采用炮烙等酷刑来对待他们，还宣布改革祭祀制度，只祭祀商王的直系祖先而不再祭祀天帝，就是想要强化商王权威而削弱贵族势力。周文王针对商朝的统治弱点，苦心经营近半个世纪，最后把布置好的棋局交给儿子，让他可以以天为单位推翻一个持续了500年大帝国，不愧为人类历史上顶级战略大师。

　　——在帮助周灭商的诸侯国中，有来自四川的古蜀国。20世纪初期，考古学家在今天成都北边大约100公里的地方发现了三星堆遗址。它的青铜器制作水平与商朝同一时期基本保持一致，同时又有非常强烈的地域文化特点，尤其是纵目青铜面具数量众多而且为三星堆所独有。这里可能就是助周伐商的古蜀国的首都，是一个在西南地区独立发展了上千年的古文明。在周灭商前后，大量的三星堆青铜器被埋葬到地下，存在了至少数百年的三星堆城址被摧毁。这个大事件与周灭商有无关联现在还不得而知。有人认为三星堆是黄帝的儿子昌意与蜀山氏联姻之后创立的邦国；有人认为它是商灭夏以后，夏后氏遗民建立的文明；也有人认为它的衰落是周灭商以后翻脸不认人，派兵消灭了古蜀国。这些说法都是猜想，由于三星堆遗址中没有发现文字，它和传世古史的关系，可能永远也无法得到明确的结论。

周公制礼：中华国家的瓜熟蒂落

周革殷命，周武王只是执行者，周文王才是灵魂人物。

《诗经·大雅·文王》的第一句说："文王在上，于昭于天。周虽旧邦，其命维新。"

"周虽旧邦，其命维新"这句话掷地有声！

它代表了周文王的政治志向：周虽然是一个历史悠久的邦国，其先祖在夏朝就世代为官，但周人推翻商朝并不是为了恢复夏朝的旧制度，而是要全面创新，把中华文明推到一个新高度。

站在那个时代的转折点上，周人目光长远、心胸开阔、魄力宏大。他们要开创一个新时代，而且确实做到了。

武王在灭商之后两年就去世了，还没来得及对国家进行系统地治理。他与姜子牙女儿所生的儿子姬诵继位，为周成王。姬诵当时还很年幼，武王死前担心儿子太小不能控制局面，想把王位传给四弟——周公姬旦。姬旦表示坚决不敢接受。这是明智的，兄终弟及的继承制度不如父子继承制度稳定，而且姬诵继位也是稳定姬姓与姜姓、周人与羌人政治同盟的重要保障。

成王继位以后，周公以摄政王的身份行使王权。

武王曾经分封商纣王的儿子武庚，让他继续住在旧都殷城，管理商朝遗民，又委派了自己的三个弟弟：管叔姬鲜、蔡叔姬度、霍叔姬处围绕殷城设立军事据点，监视武庚。这三个封国被称为"三监"。

等到武王去世，他的这三个弟弟应该是对年幼的姬诵继承王位、姬旦担任摄政王这个安排很不满意。尤其是管叔姬鲜，他是周文王的第三个儿子，周公的哥哥，可能觉得自己比姬诵更有资格继承王位，至少也应该让他来当摄政王。于是管叔挑头，带着另外两个弟弟，联合武庚一起造反，史称"三监之乱"。

"三监之乱"声势浩大，周定都于关中地区的镐京，远离中原和东夷之地。"三监"乱起来以后，山东那边的奄国也跟着起来造反。奄国也是以商族为主体的诸侯国，盘庚迁殷之前，商朝就曾经短暂地定都于奄，地点在今天的山东曲阜。奄国一反，整个东夷地区就都动乱起来，不服从周王的统治。

周商贵族联合叛乱，情况十分危急。周公联合太公姜子牙，再次领兵东征。这一次战斗比武王灭商更加困难。《尚书大传》记载："（周公）一年平乱、二年克殷、三年践奄"，也就是第一年击败了管叔，第二年攻克了殷都，第三年打到山东消灭了奄国，平叛过程至少用了三年。

仗打完之后，周公意识到首都设在关中不利于统治中原和山东、河北地区，乃决定在中原地区营建新的国都，以确保对东方的统治。他选中了黄河与支流洛水交汇的地方，开建新城，称之为"成周"，又称"洛邑"，也就是今天的河南洛阳。洛阳建成后，把那些参与反叛的殷商遗民安置于此，又派族弟——召公姬奭在洛邑驻兵八师，以监督他们不再作乱。又以朝歌为都设立卫国，由武王的九弟出任国君，监督管理殷民九族。武庚已经被杀，纣王的子孙不能再封，便又挑选了纣王的哥哥微子启，分封到商人老祖宗契当年受封的商丘，建立宋国，保留商朝宗祀。

同时，商朝的首都殷被夷为平地，历代商王的坟墓也被彻底破坏，以免这些商朝王权的象征再激起商人对故国的缅怀之情。

在做这些现实政治军事决策的同时，周公还跟他的父亲周文王一样，进行战略和意识形态层面的思考，确保周王朝的长治久安和天下太平[①]。

"三监之乱"本质上是周王室内部争权夺利的斗争，武庚和奄国等殷商势力参与叛乱只是次要的。为什么武王去世以后，应该是成王继位，而不是周公或管叔继位？王室贵族之间的权力关系该按照何种原则予以安排？周国王统治天下应该遵循何种原则以获得持久的统治合法性？这些都是周公认真考虑的问题。

周公基于文王以及周人的传统，制定了一套高度成熟的意识形态体系和制度框架，称之为"周礼"。这是中国历史上第一个完整的、成熟的治国意识形态和体制框架。

周礼的核心是宗法制，在此制度中，臣民服从君主、儿子服从父亲、弟弟服从兄长、妻子服从丈夫、妾室服从正室。儿子之中，正妻所生儿子为嫡子，妃或妾所生的儿子是庶子，嫡长子的继承权高于嫡次子，嫡次子高于庶长子，庶长子高于庶次子。嫡长子为大宗，其他诸子为小宗，小宗要服从大宗，这是基本原则。从贵族到庶民，都根据宗法来享有权利和履行义务。不同等级的人，享有不同的权利和待遇、履行不同的义务和责任，举行祭祀的时候，穿的衣服颜色样式、站的位置都是规定好的，不可逾越。王位、诸侯、大夫的位置，都根据宗法来继承，以此解决统治阶级内部的权力争夺。君主权力的"嫡长子继承制"最终

①《翦商：殷周之变与华夏新生》和《孔子大历史》两书中提出，仁义道德的观念是周公初创的，周文王只是把"八卦"改进为"六十四卦"，即周文王仅仅是通过占卜的方式相信周将代商而立。这种说法与《史记》《诗经》等诸多权威典籍的说法看似有矛盾。周文王的时代，文明初辟，宗教迷信思想盛行。占卜问神之类的事情对一个部族领袖而言再正常不过。但文王的历史地位和贡献，显然主要不是因为他精通八卦占卜，而是他在此之外，开创了以仁义道德来治理国家和处理国际关系的新模式。这个新模式在文王时代必然是极为粗糙的，仅仅是一个萌芽，迷信占卜和血腥暴力依旧占据着主导地位。中华文明从蒙昧走向光明，是一个漫长的循序渐进的过程。从周文王到周公、到孔子，用仁义道德来解释天命的观念逐渐完善，一直到今天中国成为一个以唯物主义为主流意识形态的国家，都是其中的一个小小环节。在周文王之前，还有颛顼"绝地天通"的改革，也是中华先人破除迷信走向世俗的一个标志性事件。从大历史来看，周文王只做了一点微不足道的改进，但这种改进恰是其毕生工作中最有价值的部分，应该大书特书，而对于其深入研究占卜之类的事情，于中华历史的演进意义不大。以本书的篇幅，就不必做详细介绍。与《翦商：殷周之变与华夏新生》的观点不同，本书作者认为，周公改制的一整套做法，不可能是他一个人从无到有想出来的，从传世古籍看看，其继承文王思想的痕迹十分明显，不必因为有甲骨文出土表明周文王喜欢占卜就否定《史记》《诗经》等古籍中的说法。

定型，只有在君主没有儿子的时候，才能由弟弟继位。

周礼宗法制度不仅有复杂的规范，还有一套新的意识形态作为支撑。这套意识形态的关键词是"以德配天"。

周公对文王政治思想吃得很透：周革商命的核心不是一个氏族推翻另一个氏族的统治，而是一种新的政治模式替代旧的模式。这场革命的核心是"天命观"要从神权转移到人权上来。"天命"不是神秘莫测的，不能像商王那样天天靠占卜来决定征伐杀戮，"天命"有明确的价值立场，就是仁慈和爱民。根据仁慈和爱民的原则，国君就可以决定如何治理国家，不需要占卜，更不需要用人牲献祭神灵。国君的工作不是指挥祭司研究天神的旨意，而是根据道德准则行动。只要统治者的行为符合仁德，天神自然就会感到满意并授权其子孙继续统治天下，这就是"以德配天"。

孔子在《礼记·表记》中说："夏道尊命，事鬼敬神而远之，近人而忠焉……殷人尊神，率民以事神，先鬼而后礼……周人尊礼尚施，事鬼敬神而远之，近人而忠焉。"在孔子看来，夏朝和周朝的礼制都是"远鬼神"而"近人"，只有商朝是"先鬼而后礼"①。

姬周革命，就是恢复华夏正统，要重新解释天命，以世俗仁政革掉商王的神权暴政，从"先鬼而后礼"变成"先礼而后鬼"。

"以德配天"的关键措施有两个：敬天保民和明德慎罚，其中"敬天"和"明德"是形式，是君主加强自身修养的意思，执政措施关键是"保民"和"慎罚"。

"保民"就是明确统治者的基本责任是要让人民生活得更好。君主是天神派遣来管理、教化、保护人民的，在授权的同时也承担了责任。这对君主权力是一个很大的限制，君权不再是理论上无限的，它必须受到天命的约束。而且天命不是可以随意解释的，必须符合仁德的原则和保民的要求。"敬天"就是"保民"，

---

① 《礼记》的这段记录也被后代考古发现所证实。在代表夏文化的二里头遗址中，很少发现有人殉和人牲的痕迹，也就是说夏王室几乎不采用人祭（《翦商：殷周之变与华夏新生》，第 69 页）。代表商文化的殷墟考古中，则发现了大量的人殉和人牲。这种古籍记录和考古发现的耦合，也再次证明了我国上古史籍的可靠性。《礼记》等上古文献中关于夏朝的记录不大可能是周人编造的。

"保民"就是"敬天"。这样一来,"天"的神性就大大降低了,跟西方一神教的上帝有了根本性的区别。商朝所信奉的天,有点类似一神教的上帝;而周公所定义的"天",更多地接近于对世道人心的一种抽象总结,跟"人"走得更近。后代儒家据此提出"天人合一"的思想,将天道等同于人心,以彻底消除"天"的神性,把它变成一种纯粹的世俗化哲学观念。

"慎罚"就是要谨慎制定剥夺人民生命财产权利的法律,这也是对君主权力的限制。君主要先制定法律,并对人民进行教化,让人民明白并遵守各项礼法制度,然后才能对违反者进行处罚,而且处罚应该尽量宽仁、谨慎。

周公定义的"民"不仅是周人,而是天下所有的百姓。君临天下,所有百姓都是君主的臣民,不再分华夏和东夷、周人和殷人,全都要"慎罚"。

据西汉学者刘向在《武王克殷》一文中的记录,克殷以后,武王对如何处理商人还拿不定主意。他问姜子牙,姜子牙就说:"使殷无有其余,如何?"——姜子牙苦大仇深,想要把商人全部杀掉,斩草除根,为羌人报500年前的血仇。

武王没敢同意,又去问族弟召公。召公说:把那些有罪的人杀掉,赦免那些无罪之人。

武王又去问周公。周公说:"使各居其宅,田其田,无变旧新,惟仁是亲,百姓有过,在予一人。"

——"予一人"是商王的自称,也是其专用称号,甲骨文里边也是这么用的。这三个字也证明《武王克殷》的记录不会是西汉学者编的,而是根据可靠的历史传流整理而成。

周公的意思是说,罪责全部由商纣王一个人承担,他已经死了,剩下的应该全部宽恕,商朝贵族百姓的财产田地都保持不动,以后人民不分新旧,所有人都按照仁德的新标准开始新的生活就可以了。

武王最后决定接受周公的意见,赦免所有商朝贵族和人民[1]。后来武庚跟着

---

[1] 武王长期专心准备武装推翻商朝,在意识形态方面可能缺乏准备。在武王伐商的誓词中,他重点声讨了商纣王搞乱国家祭祀体制、任用后妃当政之类的问题,没有把人牲、人殉这样的暴行列为商王的罪行。这里应该有拉拢商朝贵族的考虑,仅打击纣王而不否定商民族的文化传统。但这同时也表明,以武王为代表的周贵族对此类问题确实不够敏感。毕竟真正的悲剧是发生在羌人身上,周人对此缺乏切肤之痛。这也是武王和周公最终能够宽容商朝贵族的客观原因。

"三监"一起叛乱，周公也继续坚持这个策略，只杀掉了武庚，其他参与叛乱的商人再次被宽恕，集体安置于洛阳附近，接受军事监管。没有参加叛乱的，则分封到宋国。周公这种做法，确实是相当的宽宏大量。

对殷商贵族，周公也大力任用，加强团结。分封晋国、鲁国等姬姓诸侯的时候，让一些殷商贵族跟随姬姓国君一起前往封国，世代担任高级官员，继续参与国家治理。这里有对殷商贵族分而治之的考虑，也体现了周公宽仁和重视人才的政治作风。

宋国的国君，以及那些跟随姬姓诸侯到各个分封任职的殷商贵族，还被允许保留他们的风俗。宋国不仅可以继续按照天子的规格祭祀祖先，国君世袭也可以不适用周礼，继续搞兄终弟及。殷商贵族死后，还可以继续搞殉葬。今天考古发现，周朝时期的墓葬，姬姓贵族的坟墓里边，基本上就没有殉葬，而地位比姬姓贵族低的殷商贵族，仍然保留了人殉。

基于"敬天保民、明德慎罚"的政治原则和"父死子继、嫡大于长"的宗法制度，周公开始大力分封诸侯。

周公把自己的儿子姬禽分封到奄国的故地，建立鲁国，控制东方。鲁国旁边，还有姜子牙的封地齐国，这是武王在世的时候就封的。齐国的封地本来只有营丘（今山东淄博）附近的一小块地方。周公以成王的名义下诏说："东至海，西至河，南至穆陵，北至无棣，五侯九伯，实得征之。"这就赐予了齐国征伐周边诸侯、扩张领土的权力，整个东夷地区，从黄河一直到大海，谁不服周王朝的权威就打谁。山东地区后来被称为齐鲁大地，便由此而来。齐国利用周公这个诏书赐予的征讨之权，到处兼并小国诸侯，逐步成长为东方大国，在春秋战国时期成为位列春秋五霸、战国七雄的大国。

召公的儿子被分封到燕国，以今天的北京为中心，负责镇守东北边疆。燕国后来也成为战国七雄之一。

武王的儿子、成王的弟弟唐叔姬虞，被分封到山西晋中，以山西翼城为中心，建立唐国（后改名为晋国）。这个地方距离陶寺古城只有不到50公里。晋国的使命是负责北方的防御和征伐。晋国经过百年扩张，后来控制了几乎整个山西省的范围，后来成为春秋五霸之首。战国七雄的韩、赵、魏也都是从晋国分化出来的。

周朝的分封制，比夏商时代的臣服制大大地进步了，也比欧洲中世纪的封建制度更加先进。周朝的分封，其关键部分是"先有封再有地"，即周王先授权某人管理某个地方，此人才能拥有管理那一块土地和地上人民的权力。这个权力完全来自周王的授权。而夏商时代和欧洲中世纪的封建制度，主要是"先有地再有封"，即在受封之前，这个封建主的家族就已经占据了这块地盘，他早就是这个地方实际上的管理者，再宣布向国王效忠、跟国王家族搞个联姻，就算成了国王家亲戚，国王再正式给封个爵位，要求其履行相关的义务包括战争的时候派兵参战、平时纳贡等。商朝把周文王分封为"西伯"，就是典型的"先有地再有封"。周国更像是一个独立国家，仅向商王表示臣服，履行部分臣属义务。欧洲中世纪的封建制度也更像是披着封建制外衣的臣服制。周朝的分封才算是真正的封建制。我们也可以说，夏商和欧洲中世纪是"小分封"，周朝是"大分封"。

周初以"先有封再有地"的方式分封了71个诸侯国，其中53个是姬姓[①]，也就是周王室成员，此外还有一些虽然不姓姬，但是从中央派出去统治一方的代表，比如像姜子牙这种跟着周王打天下的勋贵。

"先有封再有地"的诸侯国遍布周王朝疆域的四面八方，成为周王统治全国的区域治理中心，把那些"先有地再有封"的诸侯包围了起来，周王朝对国家的控制力也就大大地提高了。

此外，周公的分封制还打乱了夏商时代氏族血缘聚居的传统，把不同血缘氏族的人分封到一个诸侯国，共同参与国家治理。分封鲁国的时候，派给了"殷民六族"；分封卫国的时候，派给了"殷民七族"；分封唐国（晋国）的时候，派给了"怀姓九宗"；分封燕国的时候，也至少派去了两支殷商氏族。这些家族的领袖在新的封国担任卿士，辅助国君，家族成员也可以参军入伍编入军队。姬姓贵族、殷商贵族以及其他氏族的人，跟本地居民混杂在一起，形成一个新的诸侯

国，极大地促进了中华民族的交流融合。从此以后，以血缘氏族为基础的国家形态也就逐步消失，诸侯国变成真正意义上的地方政权。之前华夏与东夷的区分，也就随之变得淡薄，对历史发展不再有重要意义。后来孔子作为商王后裔、东夷贵族，在研究夏礼、商礼、周礼之后，也说"郁郁乎文哉，吾从周"。这就是完全被周礼的人文精神所折服，公开承认自己祖先的体制不如周礼文明进步，成为周礼最积极的"推销员"。

周朝的封建制度，最重要的是两个：一个是世卿世禄制，一个是封建采邑制。

基于宗法体制，统治者分为四大阶层，最高的是国王，下边是诸侯，然后是卿大夫（高级官员），最后是士（中下级官员）。王、诸侯和卿大夫这三个层级都是世袭的。也就是说，中央政府和各个封国的高级官员职位是世袭的，不是国王或国君随意任命的，这叫"世卿世禄"制度。国王或国君可以给卿大夫安排不同的任务，实在不满意可以撤换，但惯例是要继续在卿大夫家族里边选择替代者。所以周不仅是土地分封制，高级官位也是分封制。"世卿世禄"制度就是官位分封制。卿大夫下边的士，由卿大夫自己任用，不能世袭，可以方便撤换。卿大夫是世袭制的最后一层。卿大夫和士的区别对后来春秋战国的历史影响很大，后边还要细说[1]。

西周封建制度的第二个关键支撑是封建采邑制度。诸侯国是一种分封形式，采邑也是一种分封形式。周天子直接封的封国，这是诸侯，诸侯在自己的封地内有立法权，对治下的臣民掌握着生杀大权。诸侯手下又有一堆儿子、亲戚、功臣需要分封，就给他们封采邑。采邑里边的土地归其管理、赋税归其享用，但是礼法和刑罚制度不能自己定，得跟整个封国保持一致。还有就是采邑不一定能够世袭，能不能世袭要国君来定，总之就是采邑给的授权比封国要小一些。也可以理解为采邑就是分封制的"套娃"，一层一层往下套。周天子在自己直接管理的王

---

[1] 周朝还有一种爵位的分封机制，就是公、侯、伯、子、男五级，都是周天子直接给的爵位，最高等级的叫公，往下的侯，然后是伯、子、男。五个爵位的贵族都可以拥有自己的封国，成为诸侯。周天子分封的国家，最高等级的是公国，然后是侯国，最低等是男国，许国的国君就是最低一级的男爵。卿大夫是官位，不是爵位。

畿范围内，也会给自己的亲戚、亲信分封采邑。

除了分给个人的采邑以外，还有一部分没有分封的土地，叫作公邑，也就是政府直接管理的土地，这就由周天子或者诸侯直接委派政府官员进行管理。公邑的官员可以随时任命随时撤换，不能世袭。公邑制度，就是后来郡县制的原始形态。一个国家如果没有或者只有很少一点私人的采邑，绝大部分都变成君主直接委派官员管理的地方，它就会从封建制国家变成郡县制国家。此乃后话。

总之，经过周公的努力，周朝就成了一个以"以德配天"思想为指导，以宗法体制为核心，以分封制为基础的国家。分封制包括土地分封和官位分封。大部分封国都是国王分封的，先有封再有地；在封国内部，再实行二级分封制，也就是采邑制。大部分高级官位也分封世袭，采用世卿世禄制，小部分由国王或者国君任命。

这套制度在今天看来十分落后，财富和官位都按照血缘来分配。但在当时，实在是一个伟大的创新和巨大的历史进步。它为贵族阶级内部的权力资源分配建立起来一套各方面都可以接受并得到广泛遵循的制度，用统一的宗法等级制取代原始氏族体制，有力地促进了国家统一和国内和平。

基于周礼的分封体制全面建立，中国作为一个统一的、完整的国家，终于瓜熟蒂落。炎黄霸权制和夏商臣服制下的诸多氏族或诸侯国，能否被统称为一个国家，还存在争议，但周礼分封制下的70多个诸侯国同属于一个周王国，则毫无疑问。

对此，周公姬旦居功至伟。

汉初大儒贾谊评价周公曰："文王有大德而功未就，武王有大功而治未成，周公集大德大功大治于一身。孔子之前，黄帝之后，于中国有大关系者，周公一人而已。"这个评价前面半截比较恰当：周文王定了大战略但没有灭商，武王灭商成功但两年就去世了，周公参与了文王之治和武王伐商，摄政以后，确定了"以德配天"的政治总路线，又有平定"三监之乱"的武功，还有制定周礼完善国家治理的成绩，确实是集大德、大功、大治于一身。但说他是黄帝之后、孔子之前最重要的历史人物，还是有点过分。周公的治国策略，主要是周文王定的，治理国家的平台，是周武王和姜子牙打下来的，他只是在文王和武王开创的基业之上做了整理和完善的工作。历史唯物主义告诉我们，一切伟大人物的伟大成就，都不会是他一个人的功劳，而是他之前和他周围许许多多人共同努力的结果，也是时代发展到一定阶段的客观需求。但周公确实是姬周革命最具代表性的人物，后来的儒家学者极力推崇周公。孔子把周公视为自己的导师和偶像，经常在梦里向周公请教问题，到了晚年还说："我好久没梦到周公了，看来是精力衰退的太厉害了。"周公所总结的"以德配天、敬天保民、明德慎刑"治国原则成为儒家思想的重要源头和内核，他制定的周礼成为儒家最为推崇的治国模式，深刻地影响着他身后数千年的中国。说他是中华文明重要的奠基人之一也不为过，其功绩可以与黄帝、颛顼、大禹、文王等人并列。

附录：中国古代有奴隶制社会吗？

西周为封建制国家，这一点当无疑问。但长期以来又有西周是"奴隶制社会"之说，这是套用苏联官方将人类社会历史分为原始社会、奴隶制社会、封建制社会、资本主义社会、社会主义社会的"五分法"。

用这套方法将秦朝以后的帝国郡县制体制称之为封建制社会有很大的问题，作者在讲秦以后历史的书中另有论述。而将夏、商、周界定为奴隶制社会，也有问题。奴隶制社会并非"存在奴隶制的社会"，而是"以奴隶制为主要生产方式的社会"，"主要"和"生产"这两个关键词绝不可少。否则一直到清朝甚至民国都有富人蓄养家奴，那就都是奴隶制社会了？

夏朝的情况现在已经不可考证，无法辨析，一般认为夏朝还处在原始氏族社会，不是奴隶制社会。

商朝有可能是奴隶制社会，因为甲骨文中记录殷商贵族极为喜欢四处征伐抓捕战俘奴隶，所获必然极多，早期、中期有很大部分被用于杀掉祭祀或用于殉葬。考古发现，越往后期，这种人牲和人殉的数量也就越少。这应该是随着社会发展，殷商贵族越来越发现将奴隶用于生产比杀掉要有用得多。那么，用于生产的奴隶必然数量较多。但从普通殷人居住地的墓穴来看，只有百分之三左右的墓穴中有殉葬。殷墟附近的大司空村1954年以前五次发掘小墓166座中有五座有殉人，1958年、1959年两次发掘大司空村和小屯村137座小墓，有殉人的四座，比例均为3%[1]。可以推测，百分之九十以上的普通殷商百姓，应该没有使用奴隶。

殷商社会——殷人的聚居区，奴隶在生产中应该扮演了比较重要的角色，但奴隶制生产到底是不是"主要"生产方式，也难以定论，只能说"有可能是"、"难以保证其一定不是"。本书作者以为，根据考古发现推测，不以奴隶制为主要生产方式的概率较大，以奴隶制为主要生产方式的概率较小。

到了西周，我们就可以较有把握地说：它不是奴隶制社会，奴隶在生产活动中不可能还占据着主导地位。

无论考古还是文献都揭示，西周的基层是基于宗法的原始村社氏族组织，生产并不以奴隶为主，其主体是属于国人阶层的城郊"乡民"和被称之为"野人"的农村庶民。《左传》和《礼记》等书中有西周在乡村地区设"三老"进行自治管理的记录，而没有如何管理奴隶的记录。农业人口中有自耕农，也有在井田制或采邑制下为封建主耕作的农民，但都不是可以被主人随意拘禁、杀害和买卖的奴隶。

周朝墓葬中，有大量以各种农具作为陪葬品的平民墓，而贵族或富民墓葬则很少有奴隶陪葬。这也说明了周朝不会是一个以奴隶制为主体的国家。除了少数殷商贵族得以保留其旧俗外，奴隶殉葬已基本绝迹，以至于孔子连制作人形陶俑陪葬都觉得不够人道，发出了"始作俑者，其无后乎"的咒骂声。

《诗经》中有大量描写劳动者生产生活的诗句（如"十亩之间兮，桑者闲闲兮"；"坎坎伐檀兮，寘之河之干兮，河水清且涟猗"；"七月食瓜，八月断壶，九月叔苴，采荼薪樗，食我农夫"），反映了当时劳动者自由自在的生存状态，他们从劳动中获得了乐趣并作民谣来记录它。这不是奴隶制占主体的社会能出现的。只有自由的劳动者才会如此，奴隶对劳动只会有极度的厌恶。

《诗经》中还有对封建贵族不劳而获的抱怨，比如"不稼不穑，胡取禾三百廛兮"，但正好说明其剥削方式是抽取部分劳动成果，而不是奴役劳动者。

周礼主张平等对待各个氏族，按照宗法而不是姓氏来确定权利义务关系，也

---

[1] 胡厚宣、胡振宇：《殷商史》，上海人民出版社2003年版，第158页。

不存在周人对其他氏族居民的奴役。贵族阶层蓄养家奴当然十分常见，但这一群体显然在生产活动中不占主要的地位。

春秋战国时期，井田制和采邑制的崩溃，也只是土地管理和租税征收方式的变革，与奴隶制的存废无关。井田制是将土地分为公田、私田的原始村社集体耕作制度，私田由农民自耕自获，公田用于村社祭祀教育等公用。政府的土地和人口管理模式主要是"籍田制"，就是让农民到公田或者贵族的田里服劳役。《孟子》说："周人百亩而彻，其实皆什一也"，"彻"是劳役，"什一"是税赋，都与奴隶制无关。井田制的崩溃，就是以劳役为主的管理模式向税赋为主的管理模式转型。在采邑制度下，采邑分封之权中包含了对采邑上人民进行管理的权力，当采邑分封的权益发生变动，这种管理权也会转移。但这绝不能等同于买卖或转让奴隶，只能说当时人口和土地捆绑密切，迁徙不便。在西周相关史料中，本书作者尚未看到有封建主将庶民或"野人"脱离土地进行赠予、买卖的例子，也没有采邑领主包办采邑内人民婚姻、随意监禁打杀的记载。没有这样的人身控制，仅是强迫其在公田服劳役，当然不能将农民视为奴隶。无证据显示，西周时期庶民的人身权利，在任何主要方面低于西欧中世纪封建领主制下的农民。至于城郊地区的乡民、国人，那就类似于西方的城邦公民、中产阶级，更与奴隶无关了。如果要强行把西周的庶民界定为奴隶，并进而将西周社会界定为奴隶制社会，那欧洲中世纪也就是更加如假包换的奴隶制社会了。除非我们在对待东西方历史的时候采取截然不同的两套标准，否则根据现有史料证据就无法得出西周是奴隶制社会的结论。

顾德融和朱顺龙在详细回顾了周朝的考古和史料证据以后，总结说"西周……奴隶在农业生产中并不占主流地位"[①]。不占主流，那就不是奴隶制社会。

综上所述，本书认为：在中国古代中原文明核心区范围内，夏商周时期大概率没有出现过奴隶制社会，有较小概率在商朝存在过奴隶制社会，而周朝则一定不是奴隶制社会。

---

① 顾德融、朱顺龙：《春秋史》，上海人民出版社 2019 年版，第 235 页。

西周王朝：从强盛到分裂

　　周公建立的分封体制稳定地运行了270多年，然后情况就开始出现比较大的变化，封国的势力开始崛起，中央权威衰落，中国进入春秋时代。

　　周王朝的衰落，是循序渐进的。由于西周的史料比夏商要丰富得多、可靠得多，这让我们可以第一次比较清晰地看到一个君主制大国从强盛到衰落的全过程。这个过程后来会在汉、唐、明、清这些大一统王朝身上反复上演。

　　一个庞大的王朝，首先是创业者励精图治建立起来。周文王和周武王就是这样的创业君主。

　　王朝建立以后，创业君主去世，由于王朝治理体制还没有完善，臣民的效忠心理也不太强，很容易出现重大政治危机。柏杨在《中国人史纲》中把这种现象称之为"瓶颈"危机，比喻的比较形象。如果"瓶颈"危机能度过，国家就会进入一段上百年的长治久安，汉朝的吕后乱政和七国之乱、唐朝的玄武门之变和武则天代唐、明朝的靖难之役都是这种情况；如果不能度过，王朝就可能迅速覆灭，后来的秦朝、隋朝就属于这种情况。

　　周朝的"瓶颈"危机就是武王去世以后的"三监之乱"。周公辅助成王度过了这个危机，建立了比较完善的分封制，王朝的基础就很扎实了。成王去世以后，他的儿子周康王继位。这几十年的时间，天下太平、经济繁荣、国力强盛、四夷宾服，史称"成康之治"。跟汉朝的文景之治、唐朝的贞观之治类似。

经过经济的长期繁荣以后，国力的强盛会刺激后代君主谋求进一步的扩张。汉朝经过文景之治后，汉武帝通过反击匈奴等方式将汉朝的版图和影响力大大地扩张了；唐朝在经过贞观之治，其版图极盛时期也在唐高宗时出现。

周王朝的扩张期是周康王的儿子周昭王、孙子周穆王两代君主执政时期。周昭王主要向东南方向扩张，对淮河和长江流域连续三次用兵，终于取得很大的胜利。但第三次南征出了问题，在凯旋班师的路上，由于战利品太多太沉，又遇到风浪，周昭王的大船在汉江上沉没。周昭王被淹死，他的儿子周穆王继位。

这个意外事件没有影响周王朝扩张的步伐。周穆王又继续往西北方向扩张，亲自带兵远征犬戎等西北游牧、游农氏族。其攻击的范围由于史料缺乏，难以考证，有可能到达新疆、青海一带，甚至更远。整个过程被西北氏族以民间传统的形式流传了下来，战国时由学者整理成了《穆天子传》。《穆天子传》富有神话色彩，里边还讲了周穆王去昆仑山会见西王母的故事，也包含了很多历史事实。

西征过程中，东南方面又有徐国等诸侯叛乱。周穆王结束西征后再次南征，逼迫徐国臣服，然后又带兵巡游，征伐不服周王朝管理的其他南方诸侯，并在当年大禹会盟诸侯的安徽涂山再次召集诸侯会盟。

长期的远征激化了天子和贵族的矛盾。由于用兵太多太频，周穆王必须持续增加军费。在封建制度下，中央财政扩张主要就是找贵族要钱，因为土地和人民都是贵族在负责管理，天子没办法直接给普通老百姓加税。贵族们对增加军费十分反感，周穆王采用铁腕来达到自己的目的，逐步抛弃周公"明德慎刑"的治国理念，不断在刑法中增加酷刑来对付国内的不满分子，以严刑峻法维护天子权威，强化政令执行。他命令大臣伯冏向朝廷官员重申执政规范，并发布《冏命》；又用吕侯为司寇，命作《吕刑》，制定墨（刺字）、劓（割鼻子）、膑（砍手足）、宫（阉割）、大辟（处死）五大刑。《史记》中记载："墨罚之属千，劓罚之属千，膑罚之属五百，宫罚之属三百，大辟之罚其属二百"，五刑的细则加起来有3000条之多，可见法网之严密。

周穆王在位50多年，其间做了一个对中国历史影响极大的决定：任命一个叫非子的人来为王室养马。养马是为西征服务的，而非子是远近闻名的养马专家。周穆王对他的工作非常满意，赐给非子方圆50里的土地作为封地。这在穆王看来是一个微不足道的赏赐，对非子而言则非同小可，他像养马一样尽心竭力地经营着自己的这块小地盘。非子姓嬴，这块小地盘叫秦地。经过非子及其几十代后人的努力，终于发展壮大成为秦国，最后由第三十八代君主嬴政消灭了周朝遗留下来的各大诸侯国，再次统一中国，建立了中国历史上第一个大一统帝国秦王朝。此乃后话。

从武王建国到周穆王去世，是周王朝的上升期，持续了120年左右。

周穆王去世以后，他的儿子周恭王鉴于昭王和穆王两代的长期用兵，国库空虚、人民疲苦、贵族抗议，开始采取裁减军队、减少征战的国策。同时，又采取一些办法来增加财政收入，主要是承认贵族私自开垦的土地合法，但同时要求这些新开垦的土地必须交纳税赋。这个改革效果不错，但应该是没有全面推行，只是做了一些局部的试点。恭王不是一个强势的君主，不愿意采取更严厉的政策来对付贵族。这一时期是国内国外局势相对平静、天子与贵族势均力敌的一个平台期。

从恭王开始往后，周王朝就进入国力衰退期。贵族势力不断强大，王室控制的土地、人民数量不断减少，国家财力不断降低，封国对中央的权威越来越不尊重，中央对外用兵也不断失败。这是周王朝经过100多年，统治阶级总体不断腐化堕落的结果，并非某一个国王或诸侯的过错，也不是某一个国王励精图治所能够扭转的。

从恭王到懿王到孝王再到夷王，四代周王都没什么作为。国力、军力日渐式微，与犬戎和淮夷的对抗总是负多胜少，越来越多的诸侯不来朝拜和进贡，诸侯之间互相征伐的事情周天子也管不住。周夷王时期，淮夷中最强大的楚国，它的国君不仅不再承认周王之前赐予的封号，还把自己三个儿子封王，显示自己的地位比周王还要高。

周夷王去世以后，他的儿子周厉王姬胡继位。中原地区的噩国联合东夷发动叛乱，杀到洛阳附近；没过多久，淮夷又大举进攻，也杀进河洛平原，打到伊水、洛河之间，并掠杀无辜平民，抢夺财物。这两次叛乱都被周厉王亲自带兵平定了，虽然看起来周厉王是有能力也有魄力的君主，但暴露了周王朝衰落的危机。战争的胜利在一定程度上强化了王权。楚国国君看到淮夷叛乱被镇压，吓得取消了僭越的王号，再次向周王表示臣服。

周厉王借助两次战争胜利的威望，开始在国内推动改革。他打破世卿世禄的人事惯例，任命荣夷公和虢公长父进行财政和军事改革，不仅要对私田征税，连山川河流也要搞国家专营或者特许经营。山川河流有很多被贵族控制，也有很多是普通人谋生来源。这种"一刀切"的做法不仅得罪了贵族，连城市和城郊地区的普通百姓——国人阶层也一起得罪了。面对改革的阻力，周厉王祭出周穆王时期的残酷刑法，用来对付反对派。这样，他就被贵族们扣上了"贪财"和"暴虐"的"帽子"。当时管理财政、刑罚、军事的关键职位，都由周公和召公的后人世代担任。周厉王选择的荣夷公和虢公长父不是现任周公和召公的近亲，这又被贵族们视为违反了宗法制度，是大逆不道的"昏君"行为。

这样，亲自带兵捍卫国家、力推改革想要富国强兵的周厉王，被权贵集团描写成为"贪、暴、昏"三位一体的混蛋[①]。

终于，在周厉王执政的第三十七个年头，贵族将国人煽动起来发动首都暴乱，攻入王宫想要杀掉周厉王。周厉王只能逃亡，他的改革也彻底失败。

周厉王逃亡以后，现任的周公和召公联合执政。但他们没有宣布废除周厉王的王号，也没有另立天子，而是选择了王室近亲、共伯姬和来担任摄政王。《竹书纪年》记录为"共伯和者摄行天子事"，而《史记》则记录为"周公召公二相行政，号曰共和"。在《竹书纪年》被发现之前，后人一直以为司马迁说的"共和"就是"没有国王，贵族共同执政"的意思，近代学者还借用这个词把没有君主的政体称之为"共和政体"。这是一个历史的误解。

---

① 由于史料稀缺，我们很难确认周厉王的改革到底如何侵犯了贵族和国人的利益，更不清楚周厉王的改革措施在实际执行过程中有多少是被贵族"选择性执行"，从而将负担转移到国人头上。有可能周厉王只关心增加财政收入支撑军事开支，对国人的生活不了解或者漠不关心，很多政策灾难是周厉王本人的错误造成的，不一定都是贵族的抵制造成的。本书只是在诸多可能性中选择了作者认为可能性较大的那一种，这种选择并不全是依据与周厉王有关的史料，还参考了后来诸多王权与贵族官僚斗争的历史事迹，以进行"以今推古"式的猜想。后边关于周幽王的说法也与此类似。

共和纪年

共伯和摄政的元年，也就是国人暴动、周厉王出逃的第二年，是中国历史上有连续可靠纪年的起点。在此之前，也有纪年，但不能连续也不够准确。此后，中国历史一直保持着连续且准确的纪年直到今天。因此，我们把这一年称之为"共和元年"，作为中国历史纪年的起点。

共和元年也是世界史上有连续可靠纪年的最早时间。古埃及、古希腊都有自己的纪年方式，但古埃及和古希腊文明早已灰飞烟灭，诸多时间记录都需要考古学家重新梳理，有个别事件的年份可以准确考证出来，但不存在连续且准确的纪年。

共和元年如果按照西方的公元纪年来算，是公元前841年。西方公元纪年的起点是一个传教士推断的耶稣诞生之年。但历史上是否有耶稣都不一定，推算的诞生年就更是离谱的没边了。加上其年代过于靠后，用来记录中国汉朝之前的历史，就会发生数字上的颠倒。正常纪年是数字越大时间越靠后，比如公元842年是公元841年的后一年。但公元前则相反，数字越大时间越早，公元前841年是公元前842年的后一年。极为容易引起读者的时间记忆错乱。

由于本书叙述的历史事件全部发生在公元前，因此讲具体年份的时候，主要以共和纪年为主，在括号中注明公元纪年。

共和纪年与公元纪年的换算方法为841减去公元前的年份再加1，比如公元前840年（841-840+1=2）就是共和2年，公元前771年（841-771+1=71）就是共和71年，以此类推。如果是公元后，则公元年份直接加上841即可，公元元年就是共和842年，公元1949年就是共和2790年，公元2022年就是共和2863年。

以此计算，春秋战国时期的标志性事件主要年份是：春秋开始于共和71年，至共和389年的三家分晋结束；战国开始于共和390年，至共和621年秦始皇统一六国结束。

共和14年（前828年），出逃在外的周厉王死去，贵族们这才推举周厉王的儿子姬静继位，为周宣王。周宣王是在召公庇护下成长起来的，他不像周厉王、周穆王一样喜欢亲自带兵出征，而是委派贵族或者诸侯出征。这种做法效果不错，因为王室财政已经枯竭、军队也已经腐朽，财富和精锐大多掌握在贵族、诸侯手里。贵族和诸侯也乐意利用国王的权威来四处征伐扩张地盘。

其中，养马专家嬴非子的曾孙嬴仲，也积极参与对犬戎的征讨，并战死在前线。周宣王对嬴仲的表现大为赞赏，召见了嬴仲的五个儿子，派给他们7000名士兵，由他们率领前往讨伐西戎。嬴仲五子一战击败西戎，长子嬴祺因此被封为西陲大夫。周宣王又把他们打下来的犬戎之地一并分封给嬴祺，作为王室的屏障。秦的势力因此得以大幅度扩张，为后来参与中原争霸奠定了基础。嬴祺后来被他的子孙追封为秦庄公。

宣王前期，跟贵族和诸侯的关系搞得比较和谐，对外征战也频频取得胜利。诸侯又重新朝见天子，四夷咸服，史称"宣王中兴"。

不过，片面依靠贵族和诸侯军队的做法进一步扩大了贵族和诸侯的权力，实际上加速了而不是减缓了周王朝分崩离析的过程。

周宣王执政后期，试图摆脱贵族的控制，亲自带兵打仗。但王室军队确实是不行，在与西戎的"千亩之战"中遭遇惨败，几乎全军覆没，周宣王靠着马车车夫夺路狂奔才逃了出来。这场惨败让王室在贵族和诸侯中间进一步失去了权威。

周宣王在位40多年后死去，他的儿子周幽王继位。

周幽王想学习祖父周厉王，向贵族多收点税来加强一下王室财政。他任命自己的堂叔郑桓公担任司徒，重新整理天下的户籍和土地，想要把贵族和封国私自开垦的土地也按照一定的比例来收税，新增的人口也要按人头交税。这当然也被贵族指责为贪婪昏庸。《诗经·大雅·瞻卬》就是贵族咒骂周幽王所作。他们说："人有土田，汝反有之。人有民人，汝覆夺之。"意思就是说：我们自己的土地，你却想要占有；我们所拥有的人民，你却想要夺走。这首诗经常被解释成周幽王对人民的暴政。其实那个时候土地都是周天子封给诸侯和公卿贵族的，就算有少量的自耕农，也绝不会还拥有"民人"。拥有土地的同时还拥有"民人"，那就肯定是封建主贵族阶层了。

周幽王的下场比周厉王还惨。他宠信褒姒，把褒姒封为王后，把她生的儿子立为太子，而把王后姜氏和太子姬宜臼双双废掉。姜氏的父亲、申国国君申侯非常愤怒。他自知个人力量不足以推翻周幽王的统治，便跟犬戎合作，引犬戎攻打关中。周幽王紧急燃起烽火号召贵族和诸侯带兵勤王，但贵族和诸侯们早就对周幽王的改革举动不满，拒绝勤王。王室军队此时已经毫无战斗力。共和71年（前771年），周幽王兵败被杀，褒姒和太子也被杀掉。

——周幽王之死被后人演绎成"烽火戏诸侯"的故事，说褒姒不爱笑，周幽王为了逗她开心点燃烽火。褒姒看到诸侯累死累活地赶来勤王却发现被骗的表情，终于忍不住笑了，这让周幽王很高兴。后来犬戎当真入侵了，周幽王再次下令点燃烽火，却无人来救，因此覆亡。这个故事不是真的。

申侯为了家族利益，不惜引犬戎入侵，导致关中平原被犬戎占领，首都镐京被彻底摧毁。这是中华文明遭遇的一次空前浩劫。当时文字记录的载体非常稀缺，大量的文字被刻在木板、竹片上面，集中存放在首都，这些文献大多只有孤本，没有副本。镐京是国家的文化教育中心，聚集了整个中国最顶尖的科学家和知识分子。野蛮部落的屠杀和纵火，让中国的科学精英被屠杀殆尽，无数周朝及其之前的文物典籍因此被毁。这些损失永远也无法挽回。后来，中华文明在南宋和明朝末年又遭遇类似的浩劫，镐京之焚是第一次。

战乱之后，申侯带着他的外孙姬宜臼跑到洛阳，联合贵族、诸侯拥立姬宜臼为新一代周王，这就是周平王。东周时代开始，西周的时代结束。

西周从武王到幽王，共计12任君主，累计存在了270多年。

西周后期和东周时期各地诸侯的崛起不是某一个封国强大或者不服从中央的问题，而是一种普遍现象。这跟交通、生产技术的提高和人口的增加有关系。青铜工具得到越来越广泛和普遍的应用，铁制农具也开始出现，土地开垦速度越来越快，马车上的金属部件增加，长途交通的便利性迅速提高。这都为诸侯国实力提升，以及大诸侯国吞并小国创造了条件。

封国向国王纳贡的数量是固定的，相当于税收包干制度，最开始分给了多少土地和人民，就缴纳多少贡赋。很多诸侯国甚至不必向国王纳贡，仅承担派兵从征的义务。总之，随着技术进步、人口增加，诸侯国内就有很多新的土地被开垦出来了，人口也增长了。这些新开垦出来的土地，以及新增加的人口，必然带来更多的税收。随着土地和人口的增长，诸侯国的国力也就越强大，养得起的军队当然也就越来越多，也就不再把国王放在眼里了。

这种情况不仅是在封国里出现，在国王直接控制的京畿地区也出现了。国王手下还有很多中央政府的公卿贵族，他们手里也控制着土地和人民。他们在自己的采邑周边偷偷开垦土地，还开山伐木、围泽捕鱼，这些新增的财富大多瞒报不交税。每一代周王都要不断分封新的贵族，而收回之前分封出去的土地则很困难，周王直接控制的土地和人口也就越来越少，周王室的财政收入因此入不敷出，尤其是军费开支面临巨大的挑战。周恭王、周厉王、周幽王都试图进行改革，要么成效甚微，要么就被贵族和诸侯赶跑甚至害死。

东周列国：四大诸侯争霸的春秋乱世

周王室东迁洛阳以后，周王直接控制的土地和人口更少，中央权威基本名存实亡。各大诸侯国扩张的步伐随之大大加快，填补王室权威消亡留下的权力真空。

受益最大的是秦国。犬戎攻陷镐京后，秦庄公的儿子秦襄公带兵护送周平王至洛阳。周平王封襄公为伯爵，赐给他岐山以西的土地。秦这才算是正式成为诸侯国——以前他们的封地只能算是采邑，不算封国。周平王还说："戎人侵夺我岐山、丰水的土地，秦国如果能赶走戎人，这些土地就归秦国。"秦国历代国君不断与犬戎作战，逐步夺取了关中平原的大部分地区，并根据周平王的承诺，将其自动归为己有，成为西方强国。

受益第二大的是晋国。晋国国君也积极派兵勤王，护送周平王东迁。犬戎攻占镐京以后，还拥立一个傀儡周王，然后才撤退。晋文侯发兵杀掉了这个傀儡周王，周平王对此尤为赞赏。

晋国应该也从周平王口中得到可以从犬戎手里直接抢地盘的授权。秦国是从西往东夺取关中，晋国是从东往西夺取关中，两国最后以黄河及其支流洛水为界，洛水以西归秦国、黄河以东归晋国。黄河和洛水中间还有一大片肥沃的土地，被称为"河西之地"。它也就成了双方反复争夺的战略要地，是春秋时期秦晋争霸的主战场。

护送周平王东迁的有四国诸侯，除了秦国和晋国外，还有郑武公和卫武公。卫武公没怎么从勤王之功中捞到好处。郑武公的父亲郑桓公是周厉王之子、周宣王之弟，周幽王时在朝中担任大臣，负责推行周幽王的改革政策。但他一直有二心，老想着给自己留后路，深知改革得罪的人太多，巨大的祸乱随时可能会发生，于是提前谋划，请求周幽王允许他把封地和人民迁往河洛地区，得到批准。犬戎入镐京，郑桓公和周幽王一起被杀，郑武公凭借勤王护驾的功劳，得到河洛地区的大块封地，同时继续在朝廷担任高官。他利用这个优势，打着中央的旗号扩张领土，吞并了河洛地区、郑国周边的一串小封国，将领土扩张到卫国和宋国旁边，又跟这两个大诸侯国发生武装冲突。

等周平王去世，他的孙子周恒王继位。周恒王年轻气盛，还没搞明白周王的地位早已今非昔比，认为郑国过于强大，决定不再让郑武公的儿子郑庄公继续在朝中担任高官。郑庄公很生气，从此拒绝朝拜周恒王。周恒王发兵讨伐，被郑庄公击败，周恒王本人还中了一箭，差点被俘虏。各大诸侯国对郑国这种以下犯上的行动毫无反应，纷纷按兵不动看周恒王的笑话。这一仗也让其他小国明白，依靠周王主持公道的时代已经一去不返了，要么自己强大，要么就只能投靠其他强大的诸侯国寻求保护。

国王权威消失，大国诸侯之间互相征伐，大量吞并小国和谋求国际霸权的混战时代开始。中国历史进入春秋战国时代。

春秋战国从共和71年（前771年），周王迁都洛阳开始，到共和661年（前221年）秦朝统一中国结束，总共历时长达590年，也就是中国的分裂状态持续了接近六个世纪。这个时间长的惊人。

春秋战国又可以划分为两个时期，一个是春秋，一个是战国。春秋的名字来源于儒家学派创始人孔子及其弟子整理的一部历史书，叫作《春秋》。《春秋》其实只是鲁国的史书，它记录的起止时间是共和120年（前722年）到共和361年（前481年），并不是从周王迁都开始记录的。不过因为后来权威的春秋时代的史书只有这一本保存了下来，大家就习惯性地把从东周开始之后大约300年的这段时间叫作春秋时期。从春秋时期结束到秦朝统一中国这段时间，又有一本历史书叫作《战国策》对它做了记录，这段时期就被称为战国时期。二者合称春秋战国。

　　春秋时期的历史，主要是几个主要的强国彼此争雄的历史。一直以来就有所谓"春秋五霸"的说法，指五个实现了霸权的君主，但具体是哪五霸，也没有统一的说法。

　　春秋时期第一个出来称霸的是郑庄公。郑国开了一个头，兼并了不少小国，又公然击败了周天子派来干预的军队，搅动了春秋争霸的乱局。

　　郑国很快就衰落了，一个主要原因是郑国位于中原地区，四面受敌，易攻难守，强大的时候可以很强大，一旦出现内乱或者饥荒之类的问题就会被周边国家抓住弱点群殴。一个国家要想长期强大，就不能在国家安全上有明显的短板，郑国就是优点和短板都很突出的国家，所以只能短期强大。

　　真正能长期称雄的诸侯是四个非中原国家：齐桓公代表的齐国、晋文公代表的晋国、秦穆公代表的秦国和楚庄王代表的楚国。齐、晋、秦、楚，是春秋时期的四大强国，所以春秋五霸的说法其实不太准确，更准备的说法应该是春秋四强。四强分别位于中原的东南西北四个方向。东边是齐国，在山东，利用周公给的征讨权四处开疆拓土，早就成了东方第一强国；北边是晋国，地盘主要在山西；南边是楚国，自称黄帝后裔，说自己的祖先是黄帝派来管理南方的，靠着兼并淮夷发展壮大，在长江淮河流域，为南方第一强国；西边是秦国，在关中平原。

　　四大强国能长期称霸，关键都在于后方比较安全，不像中原地区的郑国一样四面受敌。古语所谓"逐鹿中原"，就是东南西北的四大强国围绕着中原之地争雄争霸。中原土地很肥沃，但中原国家当不了霸主，只能当一只肥鹿，被猎手追逐。

　　四大强国彼此之间经常打来打去，争夺国际社会的霸权。齐国和秦国一个在山东一个在陕西，隔得比较远，没法直接开打。其他各种组合就都有——秦国打晋国、晋国打楚国、楚国打齐国、齐国打晋国，捉对厮杀。一部春秋历史，主要就是四国演义。四大强国争霸，谁实力比较强，谁就可以成为霸主，可以召开诸侯会议，建立一个对自己比较有利的国际体系。但是四大强国之间，谁也无法消灭谁，霸主只是地位相对较高而已，对其他几个强国，也没办法发号施令。

四大强国中，首先称霸的是齐国。齐桓公姜小白和宰相管仲密切配合，国力迅速强大，率先将齐国周边的小诸侯召集起来会盟，宣示霸权。但齐桓公死后，齐国就衰落了，仅能维持大国地位而无力称霸。

真正的长期霸主是晋国。当时整个华夏文明世界的范围中，周天子和郑国占据了最中心的位置，也就是中原河洛之地。晋国在北边，经过多年的扩张，兼并了周边一些小国，最终占据了河南许昌一直到山西大同的这么一大片地区，从南向北控制了运城盆地、临汾盆地、太原盆地。这几个盆地都是有大河流过的平原，尧舜时代这里就是北方中国的统治中心，土地开发成熟，农耕经济非常发达，是晋国的"基本盘"。

三大盆地今天都属于山西，位于黄河以东、吕梁山和太行山中间，被大山、大河环绕，号称"表里山河"，安全性很高，东边、西边、北边的敌人都很难攻击它的核心区域。只有南边交通相对比较方便，面向中原地区，反而有利于它南下控制中原地区的郑国等一系列诸侯国，典型的易守难攻。四大强国之中，晋国的地理位置可谓最好，面对秦国这种又穷又横的邻国，有大山大河相隔，面对中原地区又富又弱的小国，则交通方便，随时可以派兵过去敲诈勒索。尧舜就曾定都于此，认为这是统治北方中国乃至江汉地区的最佳位置。这种地缘政治上的优势，让晋国成了春秋时期实力最强的国家，担任霸主的时间持续了100多年，占了整个春秋时期的一半。

晋国的西边，是占据了大半个关中地区的秦国。关中本来是西周政治经济中心，最为繁华的地区，犬戎入侵以后，镐京被毁、生灵涂炭，文明几乎毁灭，一夜之间回到蛮荒时代。秦人最早的封地就靠近犬戎，为了保卫领地，经常跟犬戎打仗，养成了尚武的风俗。秦人的特点就是勇敢，有强烈的保家卫国精神。共和66年（前776年），秦庄公去世，庄公的大儿子世父说："西戎杀死我祖父秦仲，我不杀死戎王，就不敢进城安居。"于是率军攻打西戎，把国君的位置让给弟弟秦襄公，自己担任将军，亲自去守卫边境，与犬戎作战。这种精神十分可贵，是秦人血性。等到犬戎攻破镐京的时候，关中地区的诸侯都望风而逃，只有秦襄公带领人民奋起抵抗，成功保卫了自己的封地，而且亲自带兵护送周王安全逃走，东迁进入洛阳。

当时关中地区已经被犬戎完全占领，周王干脆也做个顺水人情，把关中全部封给秦国作为赏赐。秦襄公接到周王的封赏，二话不说就带兵回头去跟犬戎作战去了，最后也是死于征途。他的儿子秦文公继位，接着打。秦文公死了秦宪公继位，秦宪公死了秦武公继位。经过祖孙几代人的经营和征战，到共和154年（前688年），长达90多年，终于彻底把犬戎赶出关中地区。

此时的关中，经过犬戎的长期占领和战乱，地广人稀、文明程度很低，秦人被当时的中原各国视为野蛮人。但其实关中地区的经济发展条件很好，关中平原沃野千里、物产丰富。秦国逐渐地从战乱中恢复过来，随着人口的增加和土地的开垦，实力也就越来越强大。等秦武公死了以后，他的继承人秦德公就宣布自己做了一个梦，梦见自己饮马黄河、称霸中原，还找了一帮巫师来占卜，论证这个梦肯定能成真。这就相当于宣布秦国在收复关中地区以后，开始改变西进战略，掉头往东，参与中原争霸。

秦晋之好：秦国与晋国的百年恩怨

秦国东边跟晋国接壤，东南边跟楚国接壤，要称霸中原，就得跟这两个国家打仗。刚开始主要是晋国，因为它控制着秦国通往中原的交通要道。秦国要称霸中国，必须翻过崤山，通过河洛平原。河洛平原被周天子占着，可当它不存在，军队直接通过就行，周天子也没法干预。通过周天子的领地，就可以去打郑国、宋国、陈国、卫国这些黄河中下游平原的小国、弱国。这些国家地势平坦不易守卫，军队战斗力也比较弱，但商业、农业十分发达，比较有钱，非常适合被霸主敲诈勒索。秦国走这条通道称霸中原，最大的威胁就是河洛平原北边的晋国。它的军队进入中原之后，如果晋国军队南下切断它的退路，就会面临十分危险的境地。

秦国的国力当时打不过晋国，为了获得晋国的默许进军中原，就拼命讨好晋国。晋国也有自己的弱点，主要就是国政被几个大家族把持，国君的位置很不稳当，内斗很厉害，不具备消灭秦国的实力。谁也干不掉谁，但对方又都是对自己有威慑的大国，所以只好联姻。这就搞出来一个著名的成语"秦晋之好"，就是两家联姻、两人结婚的意思。

秦晋之好主要发生在秦国第九代君主秦穆公时期，秦穆公娶了晋献公的女儿。她当了秦穆公的老婆，就被称为"穆姬"。这个事情就标志着秦晋之好正式开始。

晋献公有很多儿子，但他最喜欢的是妃子骊姬所生的小儿子奚齐，想把这个小儿子立为太子。为了达到目的，把自己的大儿子给逼死了。二公子姬重耳和三公子姬夷吾一看父亲已经丧心病狂，便赶紧流亡外国。晋献公如愿以偿地把小儿子立为太子。

但晋国的特点就是国君的位置不是很稳固，国家权力掌握在几个大家族手中，谁继位国君说了不一定算，一定要得到大家族的支持才行。晋献公逼死长子，逼走次子、三子的做法，大家族早就看不惯了。等晋献公一死，权臣里克就联合几个实权家族直接把奚齐给杀了。

忠于晋献公的大臣、相国荀息又找了骊姬生的另外一个孩子、奚齐的弟弟悼子继位。没过多久，里克就又把悼子给杀了，然后还干脆一不做二不休把骊姬也杀了。

干完这些事儿以后，里克就派人去找到晋献公的二儿子姬重耳，邀请他回国继位。姬重耳不清楚国内状况，也不信任里克，怕回去又被杀掉，不敢回去。里克没办法，只好去找重耳的弟弟姬夷吾。姬夷吾也怕，他的谋士跟他说，你这样回去肯定不行，不过你可以去找秦国，秦穆公好歹算是你妹夫，让他派兵带你回去继位，保证你的安全，这样就可以了。

姬夷吾觉得很有道理，就跑到秦国去跟秦穆公说，你派兵支持我继位，回头我把河西之地的五座城池送给你。秦穆公一听，大喜过望，立刻同意了。

河西之地对秦国太重要了，简直就是国家安全的"命根子"。关中平原分为好几大块，黄河以东属于山西地区，黄河以西属于陕西地区。陕西这边又分为两大块，一块是东南边的渭河平原，这是关中平原的核心区，但西北边还有一块位于洛水以东，也就是河西平原——因为它在黄河西边。再往西北方向走就是晋国的核心控制区——运城盆地、临汾盆地了，这两个盆地也是关中平原的一部分。

黄河在古代是天险，秦国要想保护自己的核心区渭河平原，就一定要占领河西平原，这样就可以把国界线推到黄河边上，让黄河和崤山山脉共同组成秦国的东部地理屏障，东边的敌人要想来攻打秦国就很困难，而秦国要越过崤山进取中原也就更加方便和安全。

　　河西之地，是秦国世世代代梦寐以求的"应许之地"。他们觉得周王之前是许诺把整个黄河以西的关中平原分封给秦国的，只要秦国把犬戎赶走，整个黄河以西的土地就都归秦国所有。但晋国不厚道，趁着秦国在西边打犬戎的时候，抢先把河西之地给占领了。秦国国力比晋国弱，也不敢去抢回来，只能说是垂涎已久。一听说姬夷吾要把河西之地白送给秦国，秦穆公能不高兴吗？当然是立刻就同意了。

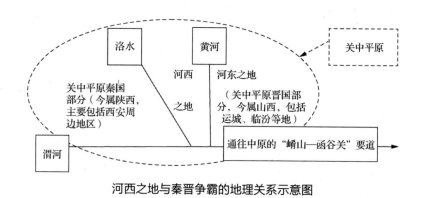

河西之地与秦晋争霸的地理关系示意图

　　这样，姬夷吾就在秦国军队的护送下，回国继位，成为晋惠公。继位以后，姬夷吾马上就翻脸不认账，托人跟秦穆公说："我是想把河西的城池割让给你的，但国内的大家族不同意，我也没办法。"秦穆公就这样被忽悠了一把。

　　两年以后，晋国发生饥荒，晋惠公又厚着脸皮向秦国求助。秦穆公不计前嫌，提供了大量的粮食帮助晋国。想不到第二年，秦国发生饥荒，就想找晋国买点粮食。结果姬夷吾不仅拒绝了秦国的请求，还认为这是消灭秦国的天赐良机，发兵去攻打秦国。

　　古语所谓"哀兵必胜"，意思就是在道义上感到自己受了欺负、受到不公正待遇的军队往往会获得胜利。秦军和晋军交战，秦军这边绝对是哀兵，团结一致斗志昂扬。晋军这边都知道是自己的君主太不要脸了，才会引发这场战争。交战的过程中，秦穆公亲自带兵突击，晋军将领干脆丢下姬夷吾逃跑了。一仗打下来，秦军直接就把姬夷吾给活捉了。

　　秦穆公很生气，想要把姬夷吾给砍了。这个时候秦晋之好发挥了作用：秦穆公的老婆穆姬，哭着、闹着不让杀。秦穆公就没杀掉姬夷吾，软禁了一段时间，最后给放了回去。不过给了两个条件，第一个就是当初承诺的城池要割让，第二个就是把太子送到秦国来当人质。这两个条件姬夷吾都答应了，秦国经此一战，获得数代人梦寐以求的河西之地，开心得不得了。不过这也在晋国君臣心中留下了巨大的阴影，一直想要夺回来，这就为后来的崤山战役埋下了伏笔。

姬夷吾把他唯一的儿子、太子圉送到秦国当人质，秦穆公对圉也挺好，把女儿怀嬴公主嫁给了他。秦穆公是晋献公的女婿，现在晋献公的孙子又娶了秦穆公的女儿。秦晋之好就算好上加好了。等太子圉当了国君，晋国国君就会成为秦国国君的女婿，秦穆公觉得这样的安排很不错。

但太子圉跟他爹一样，非常贪婪而又缺乏政治头脑。他听说他爹病重，怕他爹死了之后那些大家族拥立其他人当国君，就背着秦穆公偷偷地跑回晋国，还把怀嬴公主丢在秦国。

太子圉这个做法可以说是相当不明智：他是他爹唯一的儿子，独子的继承权是无可争议的。国内的大家族虽然强势，但彼此之间互相斗争得也很厉害，他爹死了之后，他作为秦国国君的女婿，跟他爹一样在秦国军队的保护下回国继位，一点问题都不会有。这么着急，背着自己老丈人偷偷跑了还把老婆丢在秦国，可把秦穆公给气炸了，觉得这父子俩都是背信弃义之人，一定要报仇雪恨。

为了雪恨，秦穆公就想到在外国流亡多年的晋献公的二儿子姬重耳。派人找到姬重耳，跟他说你到秦国来，我帮你夺取国君的地位。

姬重耳已经在外逃亡了19年，他弟弟当上国君以后还派人去追杀他，让他日子过得更惨。他非常后悔当年没同意接受里克的邀请回国继位。现在秦穆公找到他，命运给了他第二次机会，他当然不会再次放弃，马上就带着手下人去了秦国。

秦穆公一看姬重耳到了，先联姻，继续秦晋之好，就要把怀嬴公主再嫁给姬重耳。按照辈分，姬重耳是秦穆公的连襟，怀嬴公主则算是他的侄媳妇。这个婚一结，他的妹夫就成了他老丈人，他的侄媳妇就成了老婆，辈分全乱了。但这个时候姬重耳已经五六十岁了，这是他人生最后一次机会。十多年的流浪生活让他明白，他这种身份，要么就是君临天下威风凛凛，要么就是被人追杀朝不保夕，想要安安稳稳当个锦衣玉食的贵族是不可能的。他也就顾不得这些伦理问题，答应了这门婚事，给自己的妹夫当女婿。

婚结完了，秦晋之好再度达成。秦军就带着姬重耳向晋国出发。

太子圉这个时候已经继位，成了晋怀公。不过他跟他爹姬夷吾一样，搞政治的水平太低，上台之后干了一件自寻死路的事情。姬重耳出逃时有好几个晋国的大家族成员跟着他一起逃，晋怀公就命令那几个家族留在晋国做官的，去把自己家族跟随姬重耳的人叫回来。那些人说，人各有志，虽然是一家人，但人家忠于姬重耳，愿意跟随姬重耳一起逃亡受苦，我们叫不回来。晋怀公就很生气，说你们叫不回来就说明有二心，跟姬重耳有勾结，全部抓起治罪。

这么一搞，就把晋国的大家族给得罪完了。等秦国的军队带着姬重耳回国，各大家族纷纷表示欢迎，没有人愿意保卫晋怀公。他只好跟他爹一样逃亡到国外，但姬重耳和姬夷吾流亡的时候，想杀他们的只是晋国国君，大家族并不想他们死，二人就一直没事。这一回大家族不再愿意提供保护，也没有人敢保护秦国和晋国共同的敌人，晋怀公没过多久就被杀死了。

姬重耳当了晋国国君，这个人算是比较忠厚的君主，也很照顾国内各大家族的势力，内部团结搞得不错，晋国很快就强大了起来。他对秦穆公也比较感激，愿意与秦国和平相处。秦晋两国这回才算是真的有了"秦晋之好"。

秦穆公和晋文公一起干了两件事儿。第一件是周天子辖区内部出现叛乱，周襄王被叛军赶走了，跑来找晋文公求救。秦晋两国就联合发兵，帮周襄王平定了叛乱，这件事共同增进了两国的威望。第二件是晋国联合秦国、齐国对楚国作战。这是北方三大强国第一次联合起来对抗南方新兴强国楚国，史称"城濮之战"。战争的地点在河洛平原与华北平原交界处，主要是卫国的地盘，不在四大强国的土地上。这是一次典型的四大强国"逐鹿中原"之战。结果楚军惨败，争霸中原的野心遭到重挫。这两件事都对秦国和晋国有好处，但主要是晋国受益。晋国通过城濮之战，奠定了春秋最强霸主的地位，风头大大地盖过了秦国、齐国和楚国。

城濮之战中，郑国站在楚国这边。这样，晋文公击败楚国之后，接下来就发兵惩罚郑国，想要一举把郑国给吞并了。他又找了秦穆公联合出兵。秦晋两国兵临城下，郑国危在旦夕。

这个时候，发生了著名的"烛之武退秦师"的传奇故事。烛之武就是一个低级官员，很有抱负和才能，但在郑国这种老牌封国里边，高级职位都被大家族长期占领，没有他出头的机会。现在机会来了。郑国的贵族都吓得半死、一筹莫展，烛之武自告奋勇，深夜独自一人进入秦军大营，拜见秦穆公，跟他分析消灭郑国的利害得失。他告诉秦穆公，郑国距离晋国很近而距离秦国比较远，何况晋国还控制着秦国通往郑国的交通要道。这种情况下，郑国如果灭亡，大头肯定是被晋国瓜分。秦国就算能得到一点好处，因为交通要道被晋国控制，恐怕也很快就会丢掉。现在晋国这么强大，再让它吞并了郑国，对秦国其实极为不利。不如给郑国一条活路，郑国出于感激，将来秦军随时可以借道郑国去往东方。

秦穆公听了之后觉得很有道理，立刻就拍板：自己带领大部队回国，再留下一部分兵力帮助郑国防御晋国的进攻。

晋国这边的大臣得到消息，劝晋文公继续单独消灭郑国。但被晋文公拒绝了，理由是秦穆公在自己落难的时候帮过自己，不能忘恩负义。这件事情可以看出，晋文公的政治、军事头脑比他弟弟姬夷吾确实高明很多。秦军转头支持郑国，晋军单独打胜算就不大了，万一在东方被郑国军队拖住，秦军从西方偷袭，那就非常危险。更何况刚跟楚国打了城濮之战，如果楚国和秦国联合，那晋国麻烦就更大了。

晋文公的战略眼光是很不错的，他把秦晋之好视为晋国霸权的重要基础。晋国在四强中算是老大，但实力还没有对秦国、齐国、楚国三大强国形成压倒性优势，绝对不能跟秦国撕破脸。所以他也决定退兵。这样，烛之武就几乎是以一己之力挽救了郑国，创造了春秋战国时期外交史上的奇迹。

在晋文公和秦穆公的维持下，秦晋之好一直搞得不错。不过等到晋文公去世，他的继承者就没他这么明智了，秦晋之好再度破裂，而且这次是彻底破裂，再没法修复。

秦穆公听说晋文公去世，就动了要趁机去打郑国的小心思，觉得晋国忙着治丧接班，应该暂时顾不过来。正好他在郑国派驻的奸细杞子传来消息，说自己现在负责把守郑国首都的城门，如果派军偷袭，可以一举把郑国给灭了，进军中原。秦穆公窥视中原霸权多年，贪婪的心态蒙蔽了他的理智，可以说是鬼迷心窍了，就想着抓住机会吞并郑国。大臣们怎么劝也劝不住。

秦军长途跋涉偷偷摸摸去打郑国，以为万无一失。为了抄近路，还偷偷通过了晋国的国土，也没有给晋国打招呼。结果刚走到洛阳附近，被一个贩牛的郑国商人弦高给发现了。他一边派人紧急通报郑国国君，一边假装成郑国的使者去拜见秦军将领百里孟明。秦军一看，偷袭的事情暴露，郑国那边早有准备，让奸细偷偷打开城门是没戏了。秦国到郑国首都1000多里路，要消灭郑国必须速战速决，不然后勤跟不上，而且后方随时被晋军威胁。长期攻城、围城是肯定不行的。

这个时候，如果秦军将领再偷偷摸摸地撤退，回到秦国，那也就啥事儿没有。但百里孟明脑子短路，觉得秦穆公派自己率领大军千里奔袭，莫名其妙走到半路就回去，啥也没捞着不太好，没法跟秦穆公交代。他就决定连夜突袭旁边的一个小国——滑国，攻破了滑国的都城，大肆劫掠，抢了一大批战利品满载而归。

这个仗一打，秦军的出兵信息就彻底暴露了，晋国马上知道发生了什么事情。新国君晋襄公不像他爹晋文公那么沉得住气。晋国君臣一商议，这可是消灭秦军有生力量的千载难逢的机会呀。而且还是趁国丧期间，偷偷地通过本国国土去偷袭其他国家。于是晋军就在秦军返回的路上，在崤山道路险峻的地方埋下伏兵，袭击了来回奔波差不多2000里的秦军。秦军路途疲惫，还带着大量战利品慢慢地走，突然遭到袭击，毫无还手之力，主将被擒，全军覆没。

消息传到秦国，秦国君臣一片哀号，全国上下披麻戴孝。秦国累世奋斗、多年训练形成的精锐力量，可以说是一战灰飞烟灭。这一战也就标志着秦晋之好彻底结束，两家结下了永远不可能谅解的血仇。两年之后，秦穆公再次带兵亲征晋国，发誓要报仇雪恨。

秦军主力被歼灭，两年之内重新组织起来的军队战斗力还是要差很多，这一仗又没有打赢。

过了两年，秦军又来，摆出一副要跟晋国拼命的架势。晋军这一回没有去跟秦军拼命，而是采取了收缩防御战略，待在城墙背后防守。

　　这一招秦军当然是毫无办法。不过秦穆公经过四年，其实已经冷静下来了，知道自己目前的实力不可能当真灭掉晋国、为崤山战役的秦军将士报仇雪恨，他需要的只是挽回一点面子。秦穆公的战争目标就是进入崤山，把当年战死在那里的秦军将士的尸骨收拾掩埋，挽回了一些尊严，宣布取得战争的胜利，就收兵回国。晋军则全程待在城里不出来，让秦军去崤山收拾战场然后撤退就完事儿了。

　　打完这场仗以后，秦国和晋国的边境才算恢复了安宁。不过，晋文公时期的那种秦晋之好是不可能再恢复了。秦国这边看清楚了，跟晋国不可能有什么真正的联盟合作，要想进军中原，只能从晋国军队的尸体上跨过去。现在他们还不具备这个能力，只能调转战略方向，继续往西发展，抢一些犬戎的地盘，积蓄实力，等待时机。同时，转身去跟楚国结盟。这一结盟就是300年、长达18世君主的合作。这样，秦、晋、齐三大北方强国联合对抗南方楚国的格局就被打破了，变成秦楚联盟对抗晋齐联盟的"二打二"新格局，国际局势也因此趋于均衡。

三家分晋：世卿世禄制的落幕

在崤山伏击秦军成功以后，晋国的风头可以说是一时无两，连续击败楚国和秦国两大强国，而且是歼灭了两国的主力兵团这种实打实的胜利，不是场面上的胜利。齐国当时也衰落了。崤之战之后30多年，共和253年（前589年）齐军在鞌之战中被晋军击败，齐顷公被迫前往晋国朝见，以表示臣服。晋国的霸权从晋文公开始，持续了100多年，另外三强根本无法与之相比。春秋第一霸主，可以说是非晋莫属。但为什么最后统一中国的不是晋，而是当时看起来偏远而又相对弱小的秦国呢？

这是因为晋国内斗特别厉害，几个大家族一直在内斗搞分裂，很难团结起来。这些大家族是怎么出来的？就是前文所讲的世卿世禄制和采邑制搞出来的。

国君下边搞世卿世禄制，高级官员世袭，政府的实权职位由几大家族长期把持，这些家族还有自己的采邑，采邑的地盘也是世袭，还可以在采邑内拥有自己的军队。有权力、有土地、有军队，妥妥的就是一个个小诸侯。春秋时期晋国、郑国、齐国、鲁国、卫国这几个跟周天子关系最密切的大国，受世卿世禄制影响比较大，全都因为大家族内斗而衰落。周天子的直辖区域那就更糟糕，内部被一大堆世卿世禄的贵族军阀把持，天天忙着内斗。四大强国中，秦国受世卿世禄制的影响最小，因为它的地盘是纯靠战争打出来的，论功行赏是它的传统，世卿世禄的传统很淡薄。它就一直没有出现过严重的贵族专权。秦国国君在国内大权独揽、说一不二。相反，晋国国君的权力一直就很受限制，不敢得罪大家族的利益，晋国本质上是几个大家族在联合执政，国君只是各大家族公认的盟主。

秦穆公因为饥荒救济的纠纷发兵攻打晋国，一战就能直接把晋惠公姬夷吾给抓住。就是因为那些大家族不愿意支持晋惠公，战场上直接带兵撤退，把国君拱手送给秦国。为什么秦国兵团可以护送姬重耳直接回国继位？说到底还是那些大家族愿意拥护姬重耳，不然以秦军当时的实力不可能一路杀到晋国首都城下。

晋文公姬重耳能够实现晋国的复兴，开创晋国的百年霸业，关键就是他能够搞好晋国国内大家族的关系。姬重耳是出了名的厚道人，各大家族早就相中他继位了。晋献公死了之后，大家族连着杀掉骊姬的两个儿子，最先考虑的就是去找姬重耳继位，只是被姬重耳拒绝了才不得不选择姬夷吾。姬重耳在外国流浪十多年，吃过很多苦受过很多气，对世道人心看得很透，能够平衡各大家族之间的关系，大家齐心协力把晋国治理好，这是他的本事。

但姬重耳也仅是个玩平衡的高手，不是改革家。他并无意彻底改革内政，消除大家族势力割据的局面。各个大家族势力在姬重耳时期不是被削弱了而是大大地加强了。这和西周周宣王前期的做法一样，就是承认君主不能集权的现实，让贵族、诸侯轮流去帮君主打仗，君主只要能搞好平衡掣肘，短期效果也不错。姬重耳的手段比周宣王更高明，他搞了一个"三军六卿"制，明确了军队和政府最重要的六个关键职位，在晋国11个大家族轮换世袭。姬重耳死了之后，家族势力割据的情况愈演愈烈。经过上百年的演进，晋国就变成一个小号的周王朝。晋国国君跟周天子一样，名义上是国君，其实只能管理都城周边的一小块土地，其他地方都成了几大家族的地盘。大家族在自己的地盘里世代统治，兴建自己的都城，拥有自己的军队，还把持着中央政府的关键职位。最后，几大家族发生火并，只留下了三家。共和439年（前403年），这三家干脆直接找到周天子把他们封为诸侯，丢掉晋国国君这个没用的中间代理人。这样，晋国就灭亡了，变成魏国、赵国、韩国三个新的诸侯国。这就是历史上有名的"三家分晋"。

春秋时期的老牌大国齐国、鲁国、郑国都有类似的问题，只不过没有像晋国这么惨烈。齐国是西周开国功臣姜子牙的封地，齐桓公姜小白是春秋时代的第一任霸主，他任用管仲管理齐国，能够压得住各大家族，把齐国治理得很好。但他也没有魄力改革废除世卿世禄制，等他死了之后，他重用的那一批卿相，就纷纷开始玩起官位世袭和采邑世袭，最终形成吕氏、高氏、国氏、田氏几大家族控制齐国国政的局面，齐国因此衰落。经过上百年的斗争，田氏家族胜出，把宰相的位置变成田氏家族世袭，田氏的采邑和直接控制的军队也不断扩张。经过286年的时间，在田和这一代终于决定废掉姜姓子孙的继承权，请求周天子把自己封为齐国国君。在共和456年（前386年），田氏如愿以偿得到齐国国君的位置，这就是"田氏代齐"的故事。

"三家分晋"与"田氏代齐"前后只相差了17年，基本上是同一个时期发生的事情。这两件事情的发生，被史学界认为是春秋和战国断代的标志性事件。我们就把三家分晋开始的这一年，也就是共和439年（前403年），视为春秋的最后一年。过了这一年，中国就算进入战国时代。司马光的编年体史书《资治通鉴》就从这一事件开始："周威烈王二十三年，初命晋大夫魏斯、赵籍、韩虔为诸侯。"

传统的春秋两大霸主，晋国和齐国，一个被三大家族给瓜分，直接消失了，一个没有被瓜分，君主的位置被田氏家族直接给取代了。这两个事件意味着一个旧时代的结束和新时代的开始。也就是采邑分封制与世卿世禄制的时代结束了，郡县制和君主集权制的时代开始了。

仲尼盗火：士人阶层的崛起与百家争鸣

春秋历史接近300年，最后证明一件事情：谁搞世卿世禄制谁完蛋。晋国和齐国，一个最大的霸主、一个最早的霸主，都被世卿世禄制给毁掉了。战国时期各国富国强兵的道路就很清楚，就是要彻底地改革世卿世禄制，建立一套更好的制度。

世卿世禄制有一个特点：它不是无限"套娃"、无限循环的，不是一层一层无限地往下世袭分封。各个担任卿大夫的大家族，在家族内部就不再继续搞世卿世禄制了。西周分封制四个等级：王、诸侯、卿大夫、士。世袭的贵族就是前三个：王、诸侯和卿大夫。卿大夫下边的士这个阶层，就不是贵族，不能世袭也没有世袭的采邑。所以周天子会被各个诸侯国君架空，国君又会被卿大夫的家族给架空。但卿大夫的权力很难被士架空。卿大夫任用自己的家臣，也就是"养士"，这是不世袭的。一个人要想去卿大夫那里谋取士的职位，不看出身，关键是要凭本事，干不好随时走人，更别提把职位传给儿子了，那根本就不可能。

"士"这个阶层主要的来源有两个，一个是诸侯和卿大夫们的支系后代，他们在家族中地位低下，不能获得高级职位，就降级而成为士。另一个是"国人"。这就涉及西周很重要的一个社会阶层制度："国野分治"。

"国"在西周以前的意思就是城邦，这个字也是四四方方的，它的繁体字是

"國"，就是城墙围起来的区域的意思。王室贵族居住在"国中"，也就是城墙里边。"国"以外的地方，就是"野"。

所谓"国野分治"其实就可以理解为"城乡分治"，城市居民和农村居民的社会地位、权利义务都不一样。跟今天的城镇户口、农村户口的区别有一点类似。

居住在城市、有城镇户口的就叫"国人"，居住在农村地区的就叫作"野人"。在"国"和"野"之间还有一个过渡地带，也就是城郊或者说城乡接合部。居住在城郊地区的居民，在西周也被算成是"国人"。城郊地区，在春秋时代被叫作"乡"，跟农村是有区别的，今天统一把农村地区叫作"乡村"地区，在西周和春秋时代，乡和村有区别，乡专指城郊地区。

乡民的待遇和农村的村民——"野人"政治待遇不一样，权力等级要高一些。乡人主要负责服兵役，也就是当兵。西周和春秋时代当兵不给发军饷，而且要自己出钱制作兵器，出征的伙食费都要自理。这些开支的来源就是国家给乡民发的城郊土地。

乡民耕作土地养活自己，每家每户按照人口比例参军作战，自己解决武器、盔甲的费用。而农村地区的"野人"一般来说不能当兵，他们就只负责种田、服劳役和缴纳各种田租税赋，在军队里边也是只负责打杂、后勤之类的工作，属于劳役而非兵役。一般来讲，乡民的经济条件社会福利要好一点、政治地位要高一点，村民"野人"则属于社会最底层。乡民属于"国人"阶层，国家的重大政治决策开大会，乡民是可以派代表参加的，"野人"就没有这个权利。

政府还会在各乡设立乡校，用来培养和选拔人才。早期乡校主要是军事训练场所，没有文化教育的内容，文化教育是被贵族垄断的。通过乡校的选拔，乡人才可以进入政府担任低级官位，也可以给贵族当家臣。乡人就成了战士和家臣的一个重要来源。

虽然乡人也属于"国人"，甚至有学者把他们列为下级贵族或者统治阶级的一员，但本书作者觉得他们应该还算不上是统治阶级。他们是要自食其力的，耕田养活自己并承担沉重的兵役，怎么能算贵族、统治阶级呢？他们应该算是中间阶级，总体跟"野人"一样，是被统治阶级的一员，他们是平民而不是贵族。

战国时期，"士"这个阶层的崛起，其中很重要的一个因素就是城乡接合部的这些乡民中的优秀人物开始往上层进军。核心原因有两个，第一个原因是春秋战国冶金技术进步，青铜乃至铁制农具开始普及，再加上牛耕等技术的进步，农业产量大幅度提高，人口迅速增长，军队规模也就越来越大，贵族精英在士兵中的比例迅速下降，当权者需要从平民阶层中间选拔更多的精英分子，吸纳他们进入统治阶层，才能确保对军队的控制；第二个原因就是文化教育开始从贵族向下层普及，乡民作为介于贵族和"野人"之间的中间阶层，是这一波文化普及浪潮最早的受益者。乡校也从纯粹的军事训练场所，变成文化教育和讨论政治的场所。乡民阶层原本就是军队的主体，现在又掌握了文化知识，具备了政治意识，这让他们变得更加强大，不断地涌现出优秀人物来挑战传统贵族的世袭特权。

战国时期阶层变动非常剧烈，西周和春秋时期的"国野分治"制度实际上也在土崩瓦解。国人、"野人"的概念逐渐淡化乃至消失，尤其是军队大扩张，已经不管乡民和村民的区别了，能动员的青壮年都尽可能地动员参军。能够成为"士"的人，也就不仅包括城郊地区的乡民，也有很多来自农村的"野人"，还有在城市里边搞手工业的工匠、经商的商人，也包括一部分丢掉世袭特权的落魄贵族。总之，就是一群没有世袭特权的平民百姓，通过自己的努力当上了政府低级官员、军队下层军官或者卿大夫的家臣门客，这些人就统统可以称为"士"。通过士的身份再进一步成为高级官员的，就是"士大夫"。

战国时期很有名的战国四公子：齐国孟尝君、楚国春申君、赵国平原君、魏国信陵君。这四公子都属于卿大夫阶层，他们的权力、地位是世袭得来的，但他们以善于"养士"而出名。出钱养了一大批学士、方士、策士或术士等，三教九流、形形色色，什么来路的人都有。学士就是研究学问的，方士就是会算命看风水的，策士就是出谋划策的智囊，术士就是武士，能上阵砍杀或者当刺客的。这些人被称为门客或者食客，是在卿大夫家里住着讨碗饭吃的客人，为卿大夫办事。

战国时代，跟春秋时代相比，很大的特点就是"士"这个阶层的崛起，打破了分封制贵族对国家权力的垄断。因为士是凭本事出人头地的，他们的本事就比贵族阶层要厉害得多。能够用好士的国家就会迅速强大，反之就会在残酷的国际竞争中落败。阶级大流通，是战国时代中国思想爆发、技术进步和制度进步的一个重要驱动因素，同时是这些因素的一个结果，这是一个循环互动的关系。

　　也许有人会问：乡人不算统治阶级，那士到底是不是统治阶级？士应该属于统治阶级，是统治阶级的下层。但士不是一个经济意义上的阶层，它是政府和军队的中下层官员，是政治意义上的统治阶级。士的主要来源不是统治阶级，不管是曾经的国人、乡民，还是村民、庶人，以及城市手工业者、商人、破落贵族，他们都不属于贵族阶层而属于平民阶层。士的崛起——也就是士人可以大量从中下层走向中高层的过程——代表了平民阶层政治地位的提高，统治阶层从上到下都被源源不断地注入新鲜的"血液"，阶层流通的渠道大开，让国家爆发出新的活力。

　　三家分晋的结果，是三个卿大夫家族首领摇身一变，成了魏国、赵国、韩国三个新诸侯国的国君。他们作为卿大夫，之前的家族治理传统就是家臣、谋士不世袭，看谁能干就上，也一般不给家臣采邑，或者说有采邑也不让世袭，更不让家臣在采邑里边管理人民和拥有军队。所以三家分晋之后，晋国大家族内斗的问题一下子就缓解了，这三个新的诸侯国内部，就不再有大家族掌权的问题。什么事情都是君主说了算，官员随时提拔任免，可以随意地选择提拔能干的人才到关键职位上。三家分晋之后，分到资源最好的一家是魏国，它的国力跟之前的晋国相比，不仅没有下降，反而还上升了。这是一个谁都没有想到的结果。

　　之前晋国因为内斗，已经开始衰落，秦国这边自我感觉还不错。三家分晋完毕，秦国觉得机会来了，跃跃欲试想要争霸中原。结果晋国分成三个国家之后，魏国迅速强大，开始吊打秦国。把当年姬夷吾割让给秦国的河西之地又重新抢了回来，压得秦国根本喘不过气来。魏国完全继承了晋国鼎盛时期的霸权，甚至是有过之而无不及，时间也长达上百年，成为战国时期的第一个超级霸主。

　　魏国崛起的关键因素，隐藏在一个叫李悝的人物背后。

　　李悝是一个平民出身的宰相，他不是贵族、不是卿大夫阶层，属于士这个阶层。以士的身份做高官的，就被称之为"士大夫"，跟贵族阶层的"卿大夫"相对应。秦朝以后的政府中，高级官员被通称为"士大夫"，就是从"卿大夫"和

"士"的关系演变而来的。李悝，就是战国的第一位顶级"士大夫"。他是魏国开国君主魏文侯的家臣，魏文侯觉得他特别能干，当了魏国国君之后，就把他任命为宰相，主持变法。变什么法呢，主要就是变世卿世禄制的法。战国群雄争霸的第一个篇章，就从变法开始。士人出身的英雄人物变贵族世卿世禄制的法。李悝也被后世尊为战国法家的代表性人物，而且是开创性的代表人物。

战国时期百家争鸣，法家是百家争鸣当中最出名的两家之一，跟儒家旗鼓相当，甚至更有影响力。百家争鸣为什么会在战国时期出现？主要就是世卿世禄制的崩溃，士这个阶层开始崛起，加上列强争霸、国际形势风云变幻，中华文明向何处去，什么样的国家什么样的制度才能够统一中国，各种思想流派此起彼伏，思想家的争鸣和大国的争霸交织在一起，这才形成中国乃至人类思想上辉煌灿烂的百家争鸣的局面。李悝就是战国时期最有影响力的法家的代表。

要把魏国崛起、李悝变法说清楚，就得先把百家争鸣的来龙去脉先理一理。

百家争鸣主要是在战国争鸣，春秋时期基本没有争鸣，那时候士这个阶层还没有崛起，权力仍然掌握在贵族卿大夫手中。春秋时期有影响力的思想家主要就是一个——儒家的创始人孔子，也是出现在春秋末期，中期和前期一个都没有。孔子不仅是儒家思想的创始人，也是百家争鸣的开创者。战国诸子百家，他们的代表人物往上追溯，大部分都是孔子弟子的弟子，或者孔子弟子的弟子的弟子。孔子这个地方是个总源头，是各个思想流派共同的祖师爷。李悝是最早的法家代表人物，也是孔子学生子夏的弟子。

在孔子之前，文字这种东西基本不在民间传播，学习文字和使用文字是贵族的特权，他们拿来记录历史或者祭祀、占卜。官方会设立专门机构来保存文字资料，这些资料不对外开放，只有经过专门训练的政府官员才可以接触和使用文字。这不完全是政治歧视或者愚民政策，大家都觉得文字就是拿来干这个用的，人们生活不需要文字。民间几乎没有人识字，更没有人看过书。

孔子干了一件破天荒的事，就是私人编书。他利用自己作为贵族和政府官员的身份，把他能接触的官方文献进行整理编撰，编成了《尚书》《春秋》《诗经》《礼经》《易经》《乐经》。《尚书》是古代文献精选，《春秋》是对鲁国官方历史的整理，《诗经》是通过民间采风整理的诗歌汇总，《礼经》记录了古代的礼制，

《易经》就是对各种占卜的卜辞的整理，《乐经》就是音乐乐谱的汇总。孔子一边编书，一边广招门徒，向他们传授知识。孔子招学生，讲究"有教无类"，不管是贵族还是平民，只要愿意，都可以来找他拜师学艺。

编书和收徒教学的做法，把文字从贵族内部使用的工具变成文化传播的载体。孔子编的书在民间迅速流传，他的弟子很快就成了各国知名的学者，弟子又继续教弟子，开启了中国人第一次思想启蒙浪潮。从这一点来说，孔子就像古希腊神话传说中的"盗火者"普罗米修斯，把文化之火从天上盗取到人间，在中华大地上燃起百家争鸣的熊熊烈火。后来法家、道家虽然批评孔子的观点，但无一不受益于孔子开创的文化传播浪潮。

今天对孔子的儒家思想也是有批判有继承，但对孔子在思想文化领域的这种开创性贡献，那是没什么可批判的，只能是赞扬和尊敬，当之无愧的"万世师表"。后来有儒家学者说"天不生仲尼，万古如长夜"——仲尼就是孔子。有人认为这句话太夸张了，是被儒学洗脑的结果。其实就算不被儒学洗脑，不赞成儒家思想，这句话也有它的道理。在孔子诞生之前，对平民阶层来说，真的是"万古如长夜"：他们没有学习文化的机会，也没有人关心他们的所思所想，他们的生活和思想也不会以任何方式被记录下来，如同生活在永远没有止境的黑暗中一样。孔子是第一个在黑暗中点燃火炬的人。他点火的时机也选得好，正好在春秋战国交界的时间段，卿大夫衰落、士大夫崛起，需要有这么一位文化火炬手出来引爆民间思想界。

孔子有一个小他44岁的弟子，叫子夏，特别聪明，孔子很喜欢他，还说过一句话："起予者，商也！"子夏的名字就是商，这句话的意思就是，称赞子夏是一个能给自己启发的人。孔子都觉得子夏能给自己以启发，这是很高的评价。

孔子去世后，子夏就回到自己的故乡河南温县。这个地方属于晋国，三家分晋以后属于魏国。子夏在魏国也跟孔子一样，开门收徒，收了很多徒弟，其中有一个就叫李悝，还有一个更厉害，叫魏斯，他就是魏国的开国君主魏文侯。还有一个，叫吴起。魏斯、李悝、吴起这三个人是师兄弟，都是子夏的学生、孔子的徒孙，魏斯当了魏国的开国君主，李悝当了魏国的宰相，吴起则成为魏国军队的统帅，三人一起开创了魏国的百年霸业。吴起后来去了楚国，在楚国主持变法。李悝的门徒里边，后来又出了一个叫公孙鞅的，他去了秦国，在秦国主持变法，秦国把一块叫作商的土地分给他作为采邑，他就以商鞅的名号著称于世。他主持的这场变法，就是著名的商鞅变法，被后世认为是秦国统一六国的一次关键性改革。

这是子夏这一支。孔子的弟子中，还有一支是子弓，也跟法家联系很密切。子弓是孔子的第三代弟子。子弓有个弟子叫荀子，这是儒家和法家结合的代表人物。荀子有两个学生，一个叫韩非子，一个叫李斯。韩非子是战国法家集大成的思想家，李斯则成为秦朝统一六国时候的宰相。

当然，还有传承孔子儒学正统弟子，坚持搞仁政的这一派，就是子思—孟子学派。子思是孔子的孙子兼徒孙，血缘上是孔子的儿子孔鲤的儿子，学派上是孔子的弟子曾参的学生。孟子就是子思的弟子，被认为是儒家正统传人。后来正统儒家就一直以"孔孟之道"自称。

克己复礼：孔子和他的儒家思想

　　孔子是来自宋国的破落贵族，是商王后裔、东夷血脉。破落贵族这四个字很关键，他的家族是贵族，但到父亲这一辈就已经破落了，所以孔子从小生活很贫寒。因为他的贵族身份，小时候才有机会学习文字和贵族的礼仪，又因为他生活贫寒，才对平民阶层抱有同情心、同理心。在大变革的时代，一般都是处在不同阶层交叉点的人物才能做出革命性的创新。纯粹的贵族阶级做不了，他们学到的知识不会传授给平民；纯粹的平民阶层也不行，因为他们根本就没有接触文化知识的机会。在春秋战国这个老贵族卿大夫衰落、平民阶层的士大夫崛起的时代，由孔子这个破落贵族出来开启百家争鸣，这里面有其必然性。

　　孔子出生在鲁国。他的祖先在宋国政治斗争中失败，被迫逃离宋国来到鲁国定居。他爹叫孔纥，字叔梁，史书上称为叔梁纥。孔纥在鲁国当一个地方官，大致相当于镇长，官位不高，家庭条件只能说是中等。之前娶了一个老婆，给他生了好多个女儿。那个时代贵族家庭必须要有儿子继承，不然就算绝后。于是又纳了一个妾，生了个儿子，但很不幸，这个儿子天生就是个残疾。这个时候孔子他爹都已经60多岁了，还是不死心，又娶了一个20多岁的小妾。这一回终于如愿以偿，这个小妾给他生了一个身体健康的儿子，这就是孔子。

　　《史记》里边说孔子是他爹和他妈"野合"而生。"野合"就是未婚生子，所以很多人就说孔子是私生子。但后来学者考证说其实不是，而是因为春秋之前的礼节是"男六十岁阳道绝，女四十九阴道绝，婚姻过此者，皆为野合"（《史记正义》）。就是说男的超过60岁、女的超过49岁，就基本丧失了生育能力，不能再正式结婚了，超过这个年龄再结婚的，一律称为"野合"。孔子他爹娶他母亲的时候，已经63岁了，按照当时的礼制就不能举办正式婚礼，所以叫"野合"。但从人情上讲，也是正式的纳妾，孔子不是他爹在外边搞婚外情生的私生子，名分虽然卑微，但好歹也算是有名分。

不过，在那个时代，婚姻制度很严格，既然被视为"野合"，孔子在家庭里边的地位也跟私生子差不多。尤其是他爹63岁纳妾，年老体衰，等孔子三岁的时候，就去世了。他爹的正室——也就是大老婆就把孔子和他的母亲一起从家里赶走了。孔子从小跟随母亲过着非常清贫的生活。后来孔子说："吾少也贱，故多能鄙事。"就是说小时候家境贫寒，干过不少粗活、累活。

孔子的母亲去世后，他父亲的家族这边仍然不愿意接纳这个没有名分的小妾。孔子为了能让母亲与父亲安葬在一起，将母亲的棺材停放在交通要道上以示抗议。孔氏家族迫于舆论压力，终于同意将其母葬于孔纥的墓旁，孔子也得以回归孔家。

体验了普通老百姓生活的艰辛，让贵族出身的孔子具有对平民百姓艰苦生活朴素的同情。这种出生于贵族家庭，但在贵族家庭中是被压迫被歧视的对象，又从小过着普通老百姓生活的经历，决定了孔子基本的思想立场。他希望重新建立尊卑有序的社会等级秩序，恢复贵族高贵的社会地位和安稳的生活；同时，又同情底层人民，希望限制统治阶层对人民的压迫和剥夺，具备朴素的民本主义思想。这是孔子思想最深刻的矛盾之处。

没落贵族毕竟还是贵族，孔子还是可以进入贵族学校读书，可以娶官员的女儿为妻，可以参加上层社会的家庭宴席。换句话说，就是虽然没钱，但有贵族的社会关系、社会资源。这些资源能不能变现，那就看自己的努力了。孔子成年以后，他到鲁国三大家族之一的季氏家中做家臣，干的都是一些粗活，先是负责管理仓库，后来又被派去管理畜牧。但不管怎样，能轻松混口饭吃，比平头百姓的子女生活还是轻松多了。

如果孔子只想这样混口饭吃，那是毫无压力的。但孔子本人并不安于现状，一直利用业余时间刻苦学习，从历史到文学，从政治到礼仪，几乎什么都学。慢慢地，孔子博学的名声就传开了。在贵族圈子里，大家都知道，孔家那个小子爱读书。春秋时期，有文化的人十分罕见，像孔子这么博学的人就更罕见。季氏就让他参加一些重要的外交活动，担任礼仪顾问。孔子也就找到机会跟各国的名士高官打交道，后来他就具有国际知名度，各国高层人士都知道鲁国有个叫孔丘的人很有水平。以至于齐国的国君到鲁国访问，还专门召见他，询问他对国际局势的看法。到目前为止，孔子的个人奋斗，可以说是一个很励志的故事。

孔子的政治生涯并不是很顺利。因为他不是一个政客，他有理想，而且是自己研究出来的理想。他的理想就是要恢复西周的宗法封建制度，也就是"君君臣臣父父子子"，这八个字是孔子政治理想的核心。

怎么讲呢？就是当君主的要像个君主，当大臣的要像个大臣，当爹的要像个爹，当儿子的要像个儿子。大家都在自己的位置上，该行使什么权力行使什么权力，该承担什么责任承担什么责任。就像西周时期一样，社会秩序安定、国家稳定统一，这样不是很好吗？为什么现在国家四分五裂，几个强大的诸侯互相征战，老百姓生活苦不堪言？说白了就是"礼崩乐坏"四个字。宗法分封的礼法制度被破坏了，周天子作为君主没有权威了，诸侯和卿大夫作为大臣不遵守大臣的义务关起门来称王称霸了。诸侯不服从天子、卿大夫不服从诸侯，当然就天下大乱了。

孔子的理想，就是国家统一、天下太平、家庭和睦、百姓安居乐业。这是一个很伟大的理想，很有情怀的理想。这是咱们中华民族几千年来无数英雄人物的理想，也是所有普通百姓的理想。为了这个理想努力奋斗奔波劳碌甚至英勇献身的人物，就是英雄，也可以说是圣贤。

孔子，就是这么一位圣贤。

孔子的理想很好，但不是很符合春秋战国的实际情况。

孔子认为实现天下太平的关键，核心就是四个字：克己复礼。

克己，就是克制自己；复礼，就是恢复周礼。克己是手段，复礼是目标。

恢复周礼，主要就是指通过重建西周的宗法等级制度，来实现国家统一和天下和平。孔子认为春秋时期的混战，主要就是因为很多人不能安心于自己的宗法地位造成的社会秩序、家秩序的混乱。诸侯想当国王、大夫想做诸侯，所以才会产生战争和混乱。要解决这个问题，就是大家都要克制自己的欲望，安心于自己原来的地位。诸侯就老实做好诸侯，服从国王的命令；各个大家族的族长就听诸侯的；各个家庭就听族长的；农夫就老实做好农夫，认真种地按时交租；妻子就努力做好妻子的义务，生儿育女、操持家务；丈夫就努力工作、养家糊口；儿子就尽儿子的义务，小的时候努力学习，长大了孝敬父母。这样国家就可以统一、社会就可以稳定了。

孔子的思想流派被称之为"儒家"。所谓儒，就是君主的礼仪顾问，专门研究各种礼仪礼节，王室举办婚丧嫁娶各种仪式需要走什么流程，就是儒来负责。孔子就给季氏当过礼仪顾问。儒家，在春秋时代，就是主要按照尊卑有序的礼制来治理国家的这么一个思想流派。儒在孔子以前，就一直是知识分子阶层，为贵族阶级服务的，在孔子以后，就更是成为中国知识分子阶层的代名词，继续为统治阶级服务。

不过，孔子的思想，也不仅仅是复制周礼这么简单。他把自己这套理论给升华了，比那些只会研究礼仪细节的儒水平高得多，上升到人类本性、共性的高度。他认为自己的理想社会之所以应该实现也能够实现，关键就在于人类存在一种共同拥有又不同于动物——也就是禽兽的人性。它的核心就是一个字：仁，仁慈的仁。

孔子作为中华民族一位宗师级的思想家、儒家大圣人，他的思想如果要归纳为一个字，那就是仁。

仁是什么呢？它是单人旁右边一个二，就是两个人的意思。仁就是能够体谅别人、关心别人，体会别人感受的一种心理状态。一个人在世界上活着，不能只顾自己开心、自己痛快，还要去考虑别人。自己家的房子又大又暖和、饭菜又香量又足，但是看到别人流浪街头、食不果腹、衣不蔽体，也可以去想象那是一种很不舒服的状态。将心比心，以己推人，一想到还有很多人过着这种不舒服的生活，自己心里也会不舒服。这种感觉，就是仁。如果看到别人过得特别悲惨，就特别高兴，那就是不仁。

有了仁的这种心理以后，我们不管做什么事情，就至少有一部分会替别人考虑。首先是替自己的儿女、妻子、父母考虑，不仅自己要吃饱穿暖，还要继续努力，让儿女、妻子、父母也吃饱穿暖，这是最基本的仁。直系亲属之外，还有远亲、近邻、同学、好友、老乡，彼此熟悉认识，谁有困难就出手相助，先富带动后富，大家共同富裕，这是更高一层的仁，做到这个层次的人，就可以称之为"君子"。最高层次的仁，就是胸怀天下，把全天下人的幸福饱暖当成个人的责任理想努力奋斗。到这个层次，那就是"圣"了。所以仁的最低境界是孝，孝顺父母，履行家庭责任；中间层面是君子；最高境界是圣。这中间还可以分成好多层次，不管属于哪个层次，大家都在仁的理念推动下干好自己的事情，这个社会就会和谐进步、民生幸福安康。

这个思想的基本逻辑，放到任何时代都是正确的，在今天也没错，也值得提倡。

孔子仁的思想，是对从周文王到周公以来的仁政思想的又一次升华。孔子这种"将心比心"的哲学逻辑，将人类的道德规范建立在直觉良知的基础之上，完全抛弃了"道德神定"的观念。也就是说，人类行为之所以需要符合一定的道德准备，其理论基础是人类具有将心比心的良知和思考能力，自己不喜欢做的事情，也就不应该强求别人去做，能给自己带来痛苦的事物，也就会给他人带来痛苦，所以孔子说"己所不欲，勿施于人"。这让中华文明跟宗教神圣文明进一步划清了界限，道德准则不是来自上帝神灵的意志，而是来自人的良知。到了19世纪，德国哲学家康德提出要把人类道德建立在理性和自由意志的基础之上，这才从哲学层面打开了西方文明摆脱"道德神定"的大门，而这已经是孔子去世后2000多年的事情了。

孔子把仁的思想运用到他所生活的年代，想用它来解决现实政治问题。答案就是君主要仁，要施行仁政，不能横征暴敛，不能为了满足个人私欲不顾人民死活；大臣也要仁，对下不能贪污腐败、仗势欺人，对上不能犯上作乱、分裂国家；老百姓当然也要仁，善良地对待父母家人、乡里乡亲。所以要"君君臣臣父父子子"，各安其位。孔子也不是简单地就是想维护周天子的权威，它的仁的思想里边，也有限制君主权力的意思。他提倡的建立理想社会的手段是"克己复礼"。复礼很简单，就是恢复周礼。克己其实是比复礼更靠前更重要的事情，就是克制自己，主要是克制自己的欲望。君主要克制、大臣要克制、老百姓也要克制。如果大家都把克己的功夫做到家了，那自然就天下太平了，春秋时期的礼崩乐坏、列强争霸的局面自然也就结束了。

孔子的这套想法很好，但他用这个想法来搞政治，却以彻底的失败而告终。他是季氏的家臣，季氏是鲁国最有权势的三大卿大夫家族之一。按道理他应该为季氏效忠，殚精竭虑为了扩大季氏家族的权势服务。如果他这样做，他的官自然就会越做越大、越做越稳，荣华富贵享之不尽。但按照他的理想来看，他就不能只为季氏家族服务，起码在鲁国的范围内，他应该为鲁国人民的整体利益服务。怎么样才符合鲁国人民的共同利益呢？君君臣臣父父子子。国君要像个国君，大臣要像个大臣。季氏这种卿大夫权势家族，那就很不像大臣，关起门来在自己的封地采邑里就是个土皇帝、在朝廷上就是个权臣军阀，把鲁国国君的权力给架空了。所以正确的做法是想办法提高鲁国国君的权威，削弱季氏的势力。

有了这个理想，孔子就不乐意给季氏当家臣了，开始试图远离政治，专心教育事业，开办自己的私人学校招收弟子。

共和325年（前517年），孔子34岁的时候，鲁国发生了内乱。鲁国国君鲁昭公跟季氏家族发生了冲突。鲁昭公觉得季氏权力太大，把自己架空得太厉害，很不高兴，决定反击。就带兵去攻打季氏家族的城池，把季氏家族的族长季平子给抓了起来。季平子刚开始也认怂，毕竟鲁昭公是国君嘛，就说自己可以放弃现有的封地，请求鲁昭公另外找一块小的地方给他和他的家族居住，被鲁昭公拒绝了。季平子又说，那请允许我带着五辆车逃亡国外。鲁昭公还是不同意，坚持一定要把季平子给杀掉，彻底铲除季氏家族的势力。

这一下鲁国另外一个大家族——叔孙氏家族不干了。唇亡齿寒的道理，他们还是懂的。鲁昭公杀掉季氏，接下来肯定就要收拾叔孙氏。鲁国三大家族——季氏、叔孙氏、孟孙氏平时互相斗争，鲁昭公打压季氏的势力他们可以接受，甚至可以幸灾乐祸地看着。但要杀掉季氏、铲平季氏家族，他们就不能接受了。毕竟季氏强大，他们只是多一个竞争对手少一点权力，国君强大，那就是要断他们的根。鲁昭公把事情做得太绝，让叔孙氏感到害怕——杀完季平子，叔孙氏的族长是不是也要杀头？除了叔孙氏，另外一个大家族孟孙氏也是这么想的。他们就联合起来，发兵攻打鲁昭公，把季平子救了出来。鲁昭公被打败，只好紧急逃亡到齐国。

这个时候，孔子做了一个很惊人的决定，就是跟着鲁昭公一起跑到齐国。这是一个鲜明的政治立场、政治态度，说明他坚决支持国君削弱封建家族、加强君主权威的行动，坚决反对大家族搞分裂。

鲁昭公后来死在异国他乡，三大家族又拥立他的弟弟鲁定公。

经过这场变故，季氏家族的首席家臣阳虎实际上成了鲁国的宰相。阳虎倒是非常欣赏孔子，想让孔子出山。因为阳虎跟孔子一样，都想大力削弱三大家族的力量，恢复中央集权。他们的目标一致，但在手段上有分歧。孔子认为这需要讲仁义道德来实现，阳虎则是想通过权谋、政治斗争乃至军事斗争来实现。

孔子这个时候已经回到鲁国了，但一直没有做官。阳虎再三邀请，孔子每次都找借口拒绝。后来阳虎火了，把孔子骂了一顿，说："你天天讲什么仁义道德。但一个人怀藏本领却任凭自己的国家混乱，这难道符合你说的仁义吗？"阳虎这句话其实说的还是有点道理的。那时候阳虎正是权势滔天，甚至把季平子的嫡子给囚禁了起来，直接控制季氏家族，威逼另外两大家族。孔子被他这么一骂，还是有点害怕，怕阳虎一生气把自己给杀了，就同意出来做官。但阳虎发了一通火，也对孔子失望了，并没有给他官职。

没过多久，阳虎跟三大家族彻底闹翻了。阳虎想要废掉三大家族的嫡子，另立其他儿子来继承三大家族族长的位置。三大家族再次联合出兵讨伐阳虎，阳虎战败，逃亡到齐国。

阳虎出逃以后，三大家族对孔子多次拒绝跟阳虎合作印象深刻。孔子名声大但没有政治根基，适合用来搞宣传唱高调，让他出来装点国家的门面是个很好的选择。鲁定公对孔子跟着鲁昭公出逃的事情也印象深刻，认定了这个人是忠君爱国的。这样，孔子就成了三大家族和鲁定公都认可的人物，大家一致商议决定：由孔子来出任鲁国的宰相。

这是孔子在政治上的高光时刻。他从一个低级官员的私生子，一跃成为鲁国的宰相。孔子一直专注于学问和教育，不搞政治投机，完全靠自己的学术成就和名声在鲁国位极人臣。这一点尤其难得。

三大家族之所以愿意让孔子来当宰相，关键一点就是认为孔子只会唱高调，是个书呆子，不会威胁三大家族的权力、地位。但像孔子这种理想主义的书呆子，当真掌握了权力，那肯定还是要干点事儿的。他很快就推出了一个"隳三桓"的行动计划。就是让鲁国国君下令，把三大家族的城池给拆掉。这就是想要打击三大家族的军阀势力——把你的城墙拆了，你就没法割地自雄、对抗中央了。当然孔子的计划不是彻底拆掉，而是要求把这些城池的城墙高度降低，根据周朝的礼制，卿大夫的封地，城墙高度都有一定之规，不能超过首都城墙的高度，三大家族的城墙都属于严重超标。

三大家族中的季氏和叔孙氏支持这个计划。因为他们家的族长，长期居住在鲁国的首都做大官，不怎么回自己的封地。封地城池的军队由首席家臣掌握。时间久了，首席家臣就开始不太听话，开始搞封建割据，既不把国君放在眼里，也不把家族领袖放在眼里。季氏和叔孙氏想利用这个机会，把不听话的首席家臣给干掉。

但家臣的权势是卿大夫给的，给多少、怎么给完全看卿大夫家族的情况，不像国王、诸侯和卿大夫这三个层级有成熟的、规定好的制度。季氏和叔孙氏一不小心给的权力有点多，让首席家臣做大，尾大不掉了。而三大家族中的另外一家孟孙氏就没有这个问题，族长和家臣关系很融洽。他们就反对孔子的计划，反对的理由是：孟孙氏的城池靠近齐国，把城墙高度降低了，齐国军队入侵鲁国怎么办？

这个理由很充分，因为齐鲁两国历史上经常打仗，边境防御确实不能放松。

但孔子意志坚定，他劝说鲁定公采用铁腕来解决问题。鲁定公亲自带兵征讨孟孙氏，一定要把城墙高度降低。结果，没打赢。

另外两家一看，孟孙氏的城墙不降，我们降了，那我们亏了呀。既然不听话的家臣已经被除掉了，再搞"隳三桓"就没意义了，有利于国君不利于大家族。三大家族很快达成一致意见，不再支持"隳三桓"，不仅孟孙氏的城墙高度不降，另外两家的城墙高度还要恢复。三大家族一联合，鲁定公就一点办法没有了。

经过这次事件以后，三大家族看清了孔子的"真面目"，决定把他搞下台。孔子知道自己恢复西周政治秩序的理想没法实现了，只能向鲁定公申请辞职。他的政治生涯也就到此彻底结束，从此只能专心学问。

这对孔子个人而言是一次失败，但对中华民族而言却是一件大幸事。孔子的诗、书、礼、易、乐、春秋六部经典，都是在辞去宰相以后编著而成的。他要是一直在宰相的位置上干下去，也就没时间编这些书了。这些书里边，《乐经》已经失传，《礼经》部分失传，另外四本则比较完整地保留到今天（《尚书》部分篇目有争议）。这些书经过孔子开班收徒大量传播，在民间广泛流传。后来秦始皇灭六国，把六国的官方图书烧了；项羽灭秦国，又把秦国的官方图书一把火烧了。春秋战国之前各国的官方史料，也就没有能够保存下来（魏国史书《竹书纪年》、楚国史料《清华简》后来从古墓中被发掘了出来，仅存残篇）。孔子编的书因为在民间有大量藏本，躲过了这两场文化劫难，得以保存，成为春秋及其以前较为完整地、不间断地流传下来的仅有的五本书。后来像《论语》《孟子》《韩非子》这些诸子百家的著作，都是战国时期的书。《论语》是记录孔子言行的书，是他去世以后他的弟子在战国时期总结整理而成的。春秋时期的就只有这四本半了，成为当之无愧的中华民族的文化瑰宝。

李悝变法：法家思想与魏国霸权

　　孔子"隳三桓"失败，说明儒家那套理论虽然美好、高大上，但在春秋战国这种大争之世实在行不通。正儿八经的儒学传人，子思、孟子这一派，就沉寂下来专心搞研究，基本不参与政治。儒家一直非常入世，很想积极参与政治、改造社会，但在春秋战国找不到合适的机会。孟子也到处游说诸侯搞他的"仁政"，但无一成功案例。战国时期，在政治实践中取得成功的基本是法家。

　　法家学派的思想家、政治家基本都是儒学弟子。孔子的六经在战国算是基础教材，不管赞不赞成孔子的观点，要想学文化，就得向儒家学者拜师。

　　儒家的思想来源于儒，古代君主的礼仪顾问。那法家的思想从哪里来呢？

　　法家思想来源于战争、来源于军事纪律。法家的"法"，最开始就是从军事纪律里边演变出来的。因为军队讲究严刑峻法、号令统一，军队的统帅必须享有绝对权威，违反军令一般都会被处死。战争是一个会带来大量人员伤亡的集体行动，为了避免出现更多军人的死亡，必须不惜动用死刑来保证号令统一和统帅的整体部署得到贯彻执行。对诸侯国而言，最高军事统帅只能是国君。在长期的战争中，国君掌握了越来越强大的军队，这就必然让他希望自己的国家内部也能够像军队一样号令统一，而不是各自为政。

　　分封制体制下的国家没有一套可以全国通用的法律，国家的运行主要是靠尊卑有序的宗法体系来支撑。它是一套服从体系，而不是法律体制——诸侯服从国王、公卿服从诸侯、儿子服从父亲、妻子服从丈夫、弟弟服从哥哥。所有人都按照这个尊卑关系听话就行了，不需要具体的法律条文来界定权利义务。贵族和诸侯服从国王，但在他们自己的封国内部，怎么管理人民完全是他们自己的事儿，中央政府管不着。

国君要强化自己的权威，就要把军队的那种整齐划一的命令体制用到国家管理上。而且，在战争中获得军权的新型军事勋贵们，也希望打破传统贵族们对政治经济权力的垄断，重新分配利益格局。这种背景下，才诞生了法家思想。

法家的基本思想有三个：

第一，尊崇君主的绝对权威，保证整个国家不分长幼尊卑，都统一服从君主的意志。

第二，制定严刑峻法，保证违反法律的人得到严厉的惩处。法家学者最喜欢举的例子就是：水是很温柔的，但溺水死亡的人却很多；火是很猛烈的，但被火烧死的人却比溺水死亡的人少得多。就是因为水看起来无害，让人放松警惕，而火一碰它就会被灼伤，因此人们就知道避而远之。国家的法律也应该像火一样，稍微一触犯就必然遭到严厉处罚，这样人们才会遵纪守法。

第三，奖励军功，奖励耕战。只有在战争中立下功劳，或者增加了农业收获的人才能升官。这里的增加农业收获的主要衡量标准是能够给国家交更多的粮食，是为军事行动提供更好后勤保障的意思，也是围绕着服务于战争来展开的。通过奖励耕战，不仅可以有效提高国家的军事能力，在春秋战国的混战中获得更大的利益，同时有利于士人阶层逐步地掌握军权和政权。

西周后期、春秋时期，耕作技术有了很大的进步，人口和新开垦的土地都大量增加。对这些自由开垦出来的土地，以前那种井田制的封建管理办法就不好用了，只能是征税。要征税，那就是政府职能要强化，新开垦土地的地主政治地位要上升，夹在政府和新的自耕农和地主阶层之间的封建贵族的地位不可避免地就要下降了。这种政治地位的变化，就是通过奖励耕作来实现的，谁交的粮食多谁的政治地位就高。

通过奖励军功，新兴的军事勋贵凭借军功升官进入政府高层和获得更多的土地。那些传统的依靠分封世袭来获得官位和土地的贵族，他们如果不能在战争中立下功勋，就会被逐渐地取消做官的特权，并且剥夺世袭分封的土地。这就为出身于非贵族家庭的普通人进入统治阶层打开了一个上升通道，也就是通过战争来建功立业的通道，有利于选拔优秀人才来管理国家。

总之，法家的三个基本思想，都是围绕着战争来展开的。尊崇君主权威，就是把军事统帅的权力运用到政府管理中来；制定严刑峻法，就是把军事命令运用到国家法律中来；奖励耕战，就是强化军队在国家政治经济利益分配格局当中的地位。法家的法律，主要是强调用军事管理体制来改革分封制的国家制度，代表了军队或者说军事勋贵集团的利益诉求，也体现了战争对国家法律体制、管理体制的推动作用。

法家主推的"法"也与战争密切相关。军队是纪律最为严明、处罚最为严厉的地方。春秋时期郑国的宰相子产"铸刑鼎"就是在阅兵仪式上。这是有记录的第一次正式把刑法条文铸造在大鼎上公之于众，是中国公开成文法的开端。之前周穆王也制定过《吕刑》，更早的还有传说中的《禹刑》《汤刑》，但都没有公开，讲究的是"刑不可知，则威不可测"，仅供执法者使用。

子产铸刑鼎的时机，是在"蒐礼"上。蒐礼是西周时期的阅兵仪式。西周和春秋战国的文献里边经常说某某诸侯"蒐"于某地，就是他在某地阅兵的意思。上古时代，春天的军事行动叫作"苗"，秋天的军事行动叫"蒐"，冬天的军事行动叫"狩"。大型典礼活动在每年秋收完成以后搞比较合适，慢慢地就形成了秋天大阅兵的蒐礼。刚开始的时候，用来公布重大的军事决定，后来就是军国大事都在蒐礼上决定并公布。在蒐礼上铸刑鼎，表明了刑法与军事纪律的密切关系。

大规模战争是中华文明国家治理体系从原始走向现代的基本推动力。

法家的三大思想在当时都有巨大的历史进步意义，特别是君主集权这一条，为后来秦统一六国、建立大一统的中华帝国奠定了关键基础。我们今天研究法家，不能说法家的精华就是法治、糟粕是君主专制，这是错误的，法治和君主专制都是法家思想的精华，代表了它所在的那个时代进步的方向，也代表了新兴的平民阶层通过耕战来打破封建贵族统治的进步诉求。在战国时代，法家的这三条都是进步的，说它落后，不够民主法治，那是2000年以后的事儿。

春秋末期，第一霸主晋国被内部三大家族瓜分成三个国家：赵国、魏国、韩国。赵国在北边，魏国和韩国在南边。魏国占据了山西南部平原和中原的大部分地区，实力最强，成了战国的第一个霸主。魏国称霸的三个关键人物：魏文侯、李悝、吴起，都是儒家弟子变成了法家代表人物。李悝是孔子的弟子子夏的学生，他当了魏国的宰相，用法家思想来主持变法，最重要的就是改革了世卿世禄制度。魏国国君以前就是晋国的卿大夫，以卿大夫的身份瓜分晋国，当然不会再允许这种事情在自己国家出现。李悝变法，就取消了卿大夫世袭做官的权力和在自己采邑里边的治民之权，做官掌权要靠本事、靠政绩和军功，不然就只能得到一些高贵的头衔但不掌握实际权力。采邑还是可以有，但只是采邑的税收归领主享用，采邑里边的人民不归领主管理，而是由政府任命的官员直接管理，至于在采邑里边建立自己的军队这种事儿那就更是想都别想了。简单来说就是保留卿大夫家族的地位和财富，但剥夺他们世代掌握军队和政府实权的权力。

改革以后，实权就掌握在国君和新一代政府官员手里。这些政府官员，包括军队的军官，都是根据在耕作和战争中的功劳提拔起来的。政府官员只服从国君的命令和法律，在君主的法令面前人人平等，也就是所谓的"不别亲疏，不殊贵贱，一断于法"。

李悝担任宰相掌握政府，吴起担任军队的总指挥掌握军队，也是按照法家思想来改革军队。世袭贵族的军权被剥夺了，吴起这种平民阶层出身的职业军官掌握兵权，只服从君主的旨意，而且只有君主可以合法拥有军队，其他任何贵族家族都不允许再拥有军队。吴起采用严格军事纪律来训练和指挥魏军，建立了著名的"魏武卒"重装步兵。这些步兵都是精挑细选的，全国上下选出来5万名士兵，一旦当选，就发给全家100亩土地，保证全家衣食无忧，然后认真训练，装备也都是最精良的。纪律极为严格，违反军令的立刻杀无赦。

吴起是平民阶层出身，没有旧贵族的架子，长期坚持跟士兵同吃同住，有士兵受伤了他还亲自去护理。史书上说，在一次战场上，有个士兵抢先冲锋，杀进对方阵营砍死了几个人，回来准备受功领赏，结果吴起说，没有命令就冲锋，违反军事纪律，当场就给斩了，这说明他纪律严明。另一个故事说，有个士兵的母亲听说吴起亲自给自己的儿子疗伤，不仅不高兴反而痛哭起来，说吴起这样对待自己的儿子，他在战场上一定奋不顾身地冲锋，随时可能牺牲阵亡，所以她要痛哭。

这样一支新式军队，打起仗来自然所向披靡。吴起当上统帅，首先就拿秦国"开刀"。秦军完全处于被吊打的状态。共和433年（前409年）和共和434年（前408年），吴起带兵连续两次击败数量是自己好几倍的秦军，轻松占领了河西之地。魏文侯在这里设立了河西郡，任命吴起担任郡守。秦军后来多次反攻，都被吴起带领魏武卒轻松击败，还乘胜占领了函谷关，彻底封闭了秦国通往中原地区的"咽喉"。秦国与中原的联系中断，面临着灭国的危机。

与此同时，魏国还打着帮助赵国和韩国的借口，北上消灭了赵国北边的中山国，南下攻击韩国旁边的宋国，并赶跑了支援宋国的楚军。

又过了几年，吴起的部下带着魏武卒去打齐国。这一回是联合赵国和韩国一起打，史称"三晋伐齐之战"。这个时候晋国已经被韩、魏、赵瓜分了，但晋国国君还名义上在位。齐国就借口三晋以下犯上违反礼制，跟韩、赵、魏搞摩擦，想吞并三国特别是赵国的土地。共和437年（前405年），执政齐国的田氏家族内斗，失败者跑到齐赵边境的城池，请求赵国出兵相救。此事关系到韩、魏、赵三家的共同利益，于是决定联合出兵，以魏军为主力。吴起缔造的魏武卒再次以少胜多、吊打齐军，攻入齐长城、活捉齐康公，取得辉煌的胜利。

战争胜利以后，三晋觉得已经完全没必要再留着晋国国君这个傀儡了，不仅没啥用还给自己添麻烦，就让被活捉的齐康公去找周王，请求周王公开分封韩、赵、魏三大家族领袖为诸侯国国君。毕竟齐国是历史悠久的大诸侯国，齐康公又是周王朝开国元勋姜子牙后裔，代表周王室镇守东方，办这种礼仪性事务比较合适。齐康公为了活命，只能照办。周王接受了齐康公的请求，三家分晋在形式上最后完成。

齐康公完成任务，被释放回齐国，但颜面、威信已经扫地。田氏家族早就掌握了朝政大权，借着齐康公兵败被俘的倒霉劲，干脆也学习三晋，废掉齐康公，自己找周王给封了个国君头衔，完成"田氏代齐"的动作。

三晋伐齐之战把魏国的国际地位推向顶峰，魏军接连击败秦国和齐国两大强权，在东南西北四个方向的军事扩张都取得成功，控制了河洛平原、河西平原两大物产丰饶之地，经济军事实力睥睨天下，霸权水平已大大超过晋国鼎盛时期。

吴起奔楚：楚国的变法

军事的胜利与经济的繁荣，背后离不开政治上的英明。没有政治支撑，军事和经济实力最终都会化为泡影。魏国的陡然强大，关键还是魏文侯和李悝联合主持的政治改革做支撑。

共和446年（前396年），也就是"田氏代齐"的这一年，魏文侯去世，他的儿子魏武侯继位；第二年，李悝也去世了。魏国变法政治上的两根顶梁柱垮掉了，只剩下吴起。

缺乏政治支持的吴起独木难支。魏武侯上台以后，刚开始也很器重吴起的军事才能，但没过多久，宰相公叔痤就开始挑拨离间。

吴起不仅是一个军事家，还是一个思想家、政治家，对法家治国理政的这一套有自己的想法。李悝当宰相的时候，两人思想路线一致，吴起专心搞军事就行了。现在李悝死了，吴起不仅关心军事问题，还不停地给魏武侯提意见讨论政治问题，这就犯了大忌讳。

有一回，魏武侯到河西郡视察，看到关中地区的崇山峻岭和黄河奔腾，忍不住心潮澎湃地说了一句：山河如此险峻，实在是国家安全的保障啊。吴起接过来说：大王你不能光看山河，国家的安全在德不在险，河西这一片的山河险峻有啥用，我们不是照样从秦国人手里抢过来了吗？关键还是在内部政治修明、军民团结、上下一心，才能山河永固、国强民富。

魏武侯一听就不悦了：你要提意见也换个地方提啊！

从这个事情可以看得出来，吴起应该是经常给魏武侯在政治上提意见。当时普遍认为，李悝死了之后，吴起应该接李悝的班当宰相。但魏武侯就没考虑过让他接班，而是安排自己信任的幕僚田文当了宰相，田文死了，又让公叔痤当了宰相，反正就是没有吴起的份儿，吴起对这个安排也一直耿耿于怀。

公叔痤是个比较阴损的人物，看准了魏武侯对吴起的猜忌，就开始耍阴招。他跑去对魏武侯说：吴起现在手握重兵，又控制着河西郡，为了加强他对你的忠心，建议您把女儿嫁给他，建立姻亲关系。

魏武侯同意了这个建议。结果公叔痤一转身就把吴起邀请到自己家里来做客。公叔痤就是娶的魏国公主。他老婆当着吴起的面对公叔痤呼来喝去又打又骂的，把公主的谱摆上了天。吴起一看，这还了得，娶个公主不就相当于找了个祖宗回家供着吗？结果一回头魏武侯找到吴起说，要把公主嫁给他，吴起坚决推辞了。

然后，公叔痤就跑去跟魏武侯说，娶公主是天大的荣耀，大臣们都是求之不得的事情，吴起竟然拒绝，说明他的志向恐怕不在魏国。暗示吴起随时可能叛变，可能会投靠秦国。

对魏国来说，河西郡守和魏武卒的统帅要是投靠秦国，那绝对是不可接受的。魏武侯本来就一直对吴起不满了，经公叔痤这么一挑拨离间，便下定决心拿下吴起。

吴起提前得到消息，连夜逃出魏国。他没有去投靠秦国，而是跑到楚国。

魏国这些年称霸中原，全天下都知道是李悝和吴起的功劳。吴起跑到楚国，楚王大喜过望，很快把他任命为宰相，把国家政务全权委托给他。吴起对这个任命还是非常满意的，因为他在魏国心心念念的就是当宰相，他给自己的定位是政治家、改革家、思想家，不是纯粹的军事家。他还写过一本书叫《吴起兵法》，是可以跟《孙子兵法》相提并论的军事著作，里边用大量的篇幅在讨论军事行动背后的政治问题，翻来覆去地说要"慎战"，就是谨慎发动战争，不到万不得已不要打仗。要打仗，一定要内部政治修明、军民团结上下一心才能确保胜利，而且在战场上取得胜利比较容易，胜利以后要消化占领的国土非常困难，要推行德政、以德服人等。吴起在那个时代就能充分认识到这个问题，眼光是超越时代的。

在楚国宰相的位置上，吴起干起来相当得心应手，把魏国变法的那一套方法全盘用到楚国头上。最关键的还是三条：制定法律、废除世卿世禄制和奖励军功。

史书上记载，吴起的做法是"使封君子孙三世而收爵禄"。也就是贵族的爵位和俸禄，最多只能传三代，从第四代开始就没有了，这就是"三世而收爵禄"。然后"废公族疏远者，以抚养战斗之士"，国君的亲戚是"公族"，血缘疏远的就逐渐减少最后彻底取消爵位和俸禄，省下来的开支，用来奖励有战功的将士。这就是"废世袭、奖军功"。

楚国是王国，不是诸侯国。它不是周王分封出来的国家，是南方"淮夷"建立的一个国家。曾经对周王臣服过，接受过周王的封号。但内心是把自己当作独立王国的，一见周王室衰落就立刻丢掉封号自己称王。其他诸侯国都是某某公、某某侯，就楚国国君是王，跟周王平起平坐。北方的那些诸侯国都把楚国当成蛮夷来对待，认为它不属于文明国家。楚王不同意，宣布自己是黄帝后裔，其祖先是黄帝派来治理南方的，也不知道是真的假的。不管真假，楚国的国家治理水平确实比较落后，文化也跟中原地区差异巨大。

《吴起兵法》里边有一段吴起跟魏文侯的对话，点评当时各个国家的政治经济特点。吴起对齐国的评价是"其国富，其政宽"，就是这个国家很有钱，经济文化长期繁荣，政策法令也就比较宽松自由；对秦国的评价是"其地险，其政严"，山河形势比较险峻、易守难攻，政策法令非常严厉，因为秦国的地盘都是跟犬戎打仗打出来的，整个国家的军事化治理色彩浓厚。他对楚国的评价最有意思，叫"其地广，其政骚"。"其地广"说楚国地方广大，这一条好理解。"其政骚"是什么意思呢？

国家的政策怎么能用"骚"来形容呢？楚王治理国家，是不是经常搞出来很多骚操作呀？其实差不多还真就是这个意思。"骚"的本意就是用手挠跳蚤的意思，人挠痒痒就是提手旁的搔，给马挠痒痒除跳蚤就是马字旁的骚，是一个意思。"政骚"就是说楚国的政策法令比较混乱，缺乏稳定的成文的法律，国家治理没什么章法，朝令夕改的，成天变来变去。

楚国在西周初年接受周王分封的时候，是一个封地只有50里的"子国"，地位低、地盘小，后来慢慢扩张，征服其他淮夷氏族变成南方大国。由于跟淮夷在血缘上、文化上类似，征服过程也不全是打仗，很多是用分封臣服来解决问题。这跟秦从犬戎手里抢地盘很不一样。这就造成楚国国内封建势力非常强大，地盘虽大但一盘散沙。一些大的贵族家族把持朝政，把官位和政策当成自己家族牟利的工具，朝政也是一团乱麻。

吴起对楚国军队的评价是"整而不久"——看起来整整齐齐但战斗力不可持续，没法打持久战。因为它的治理方式太"骚"，没有一定的军规军法，军队组织也是乱哄哄的，打起仗来一拥而上、一哄而散。他给魏文侯提出的对付楚国军队办法也很简单，就是不要跟楚军正面对决。楚军比较野蛮，气势旺盛的时候会不要命地冲锋，没法打。正确的做法是不断地派小股机动兵力对它进行骚扰，或者绕道袭击它的后勤，军队很快就会陷入士气低落、士卒疲惫的境地，最终不战而溃，因为它组织能力差。这叫作"袭乱其屯，先夺其气，轻进速退，弊而劳之，勿与战争，其军可败"。

正是因为太"骚"，楚国在春秋时代兴起得快、衰落得也快，而且很不幸地成为春秋时代唯一一个被敌国攻陷过首都的霸主，那是相当丢人。起因是楚平王好色。本来是楚国跟秦国联姻，让楚国太子迎娶秦国公主孟嬴。不料楚平王看上孟嬴的美貌，自己把孟嬴娶了。这个操作就很"骚"。干了亏心事的楚平王想要废掉太子，第一步就是要剪除跟太子关系密切的大臣伍奢，把伍奢抓起来杀掉。伍奢的儿子伍子胥逃出楚国，到了楚国的东边，江苏、浙江一带的吴国担任宰相。吴国本来是个非常落后的小国，伍子胥带来先进的治国经验，帮助吴国迅速强大。伍子胥同时是一个战略高手，知道楚国一心北上参与中原争霸，顾头不顾尾，后方空虚容易被抓住弱点。他让吴国也假装北上参与中原争霸，多次跟楚国在北方开打。楚国君臣就更加拼命地往北方战线派兵，后方兵力严重不足。伍子胥抓住机会，带领吴国大军秘密穿越吴楚南方交界处的大别山，奇袭楚国首都，取得了成功。此时楚平王已经死了，伍子胥将其开棺鞭尸，为父亲报仇。楚国君臣紧急向秦国求救。秦国派兵解救，才让其解除了亡国危机，但国力从此一蹶不振。一个大国被小国这样轻易偷袭成功，可见它的决策层实在是非常缺乏全局性的战略思考能力。

吴国在伍子胥死后就迅速衰落，被它南边一个更小更落后的越国消灭。越王勾践在吴国强盛时期曾经被抓到吴国给吴王当侍从，他卧薪尝胆的复仇故事成了千古佳话。但越国跟吴国一样，都足够"骚"，勾践灭了吴国以后就把来自楚国、帮他建立国家体制的重要谋臣文种给杀了，逼走了另一个楚国谋臣范蠡，于是越国也很快衰落，后来被楚国所灭。

楚、吴、越的故事说明，强国的关键是要全面完善治理机制，其次才是强兵。片面强兵争霸而基础不厚，遇到有利时机可能突然勃兴，但内功不足、基础不厚，随时可能有灭顶之灾。

对"楚政骚"有深刻认识的吴起来当楚国的宰相和三军统帅，当然是对症下药，对楚国的这个毛病做系统性地根治。除了打击旧贵族和奖励耕战以外，还把李悝在魏国制定的一系列法律制度引进了楚国，帮助楚国建立一套最新式的国家治理体制。他在政府和军队内部都发布了很多法令，法令面前不分亲疏贵贱、坚决"一刀切"地执行。他又整顿吏治，重手打击贪污腐败走"后门"，加强中央集权，罢免无能平庸的官员，把不服从管理的大家族整体迁徙到边远之地去搞国土开发等。

经过这一系列的强力整顿，楚国的国力骤然提高。

吴起变法五年以后，亲自带兵北上攻打魏国，联合魏国北边的赵国，挑战魏国的霸权。大败魏国军队，饮马黄河，切断了魏国首都与它的经济中心河洛平原的交通路线。赵国借助楚军的攻势，在北方战线连续攻克好几座魏国的城池。

之前三晋伐齐的时候，魏国"帮助"赵国消灭了赵国北边的中山国，然后魏军就一直占着中山国的地盘不走。相当于在赵国北边放了一个巨大的魏国军事基地，对赵国形成南北夹击的态势，比中山国的威胁更大。赵国对此一直后悔不已，这次趁着楚军北伐胜利的机会，把中山国的土地给夺了过来，解决了魏军对自己北方的威胁。

吴起北伐这一仗终结了魏国的超级霸权，把战国的局势从魏国一家独霸变成魏楚两大巨头争霸的局面。此外，楚国还往南、往西、往东扩张了版图。

吴起在魏国，则魏国霸；在楚国，则楚国霸。

马陵之战：孙膑复仇与魏武卒的覆灭

魏武侯听信公叔痤的谗言，把吴起赶出魏国，是他最大的政治错误。公叔痤这种人，能力还是有的，带兵打仗和治理国家都是一把好手，在宰相的位置上干出不少功绩。但问题是人品不行，在这种关系到国家安危的关键职位上，能力差一点还可以找优秀人才来辅助、弥补一下，人品不行那就是彻头彻尾的灾难。

魏国作为战国初期最早变法成功迅速崛起的第一强国，本来是最有希望统一中国的，就是因为让公叔痤这种人品有问题的人当了宰相，瞬间就从"人才强国"变成"人才输出大国"。什么意思呢？就是以前魏国的优秀人才都在魏国发挥作用，这是人才强国；公叔痤当了宰相以后，魏国的人才就纷纷跑到楚国、秦国、齐国这些周边国家去发挥作用了，让这些国家强大起来之后吊打魏国，这就是"人才输出大国"。

吴起只是一个开头。公叔痤向外输出的优秀人才，吴起是第一个，还有第二个更厉害，给魏国制造的伤害更大，他就是公孙鞅，也就是商鞅。

公孙鞅是公叔痤的幕僚，特别喜欢研究李悝和吴起的思想。公叔痤也很欣赏他——所以说公叔痤这个人很有才能，能打仗能搞政治还会选拔人才，一眼就看出公孙鞅是个治国天才。但公叔痤就是人品不行，像公孙鞅这种人才他就只敢拿来当幕僚，不敢推荐给朝廷做官。为什么？他怕公孙鞅取代自己，怕国君发现公孙鞅比自己还能干，抢了宰相的位置。所以公叔痤活一天，公孙鞅就只能被埋没一天。一直等到公叔痤病危快死了，魏惠王去看望他。

魏惠王是魏武侯的儿子，他在位的时候干脆就直接称王，完全不管周王的面子、地位，相当于魏国就成了一个独立的王国。当时还有齐国的齐威王也想要僭越称王。他们还很有意思，都想称王，但都不敢第一个冒头，就在徐州会面，互相承认对方是国王，一起称王，史称"徐州相王"。从魏惠王和齐威王称王开始，各大诸侯国的国君也跟着纷纷称王，跟周王平起平坐。周王名义上的权威也完全消失。

魏惠王来看望病危的公叔痤，问他有什么遗言。公叔痤这个时候才说：我手下有个幕僚叫公孙鞅，此人有经天纬地之才，我死以后请任命他为宰相，一定可以让魏国称霸天下。

魏惠王对公孙鞅这个人没什么印象，甚至可能根本就不认识公孙鞅——他就是一个宰相府的低级幕僚，怎么可能一下子就让他当宰相呢？魏惠王没有马上同意。公叔痤又补充了一句，说：如果大王不想重用公孙鞅，那就把他杀掉，千万不能让他去为别的国家效劳。

这句话再次暴露出公叔痤这个人心胸狭隘的本性。魏武侯听得莫名其妙，临死之前我以为你有什么重要的国家大事要交代，结果一会儿让我用一个低级幕僚当宰相、一会儿又让我杀掉他，怕不是神志不清犯糊涂了吧？他就没有理会公叔痤的话，等公叔痤死了，既没有重用公孙鞅也没有杀掉公孙鞅，就当没听说过这个人。

公孙鞅一看自己在魏国没有希望了，听说秦国正在公开招募人才，就带上李悝的《法经》去了秦国。秦国当时是秦孝公刚刚继位，一心想要模仿魏国变法，从中原地区招募变法人才。听说有魏国宰相的幕僚过来投奔，赶紧召见，聊得非常投机，就任用公孙鞅在秦国国内推动变法。因为后来公孙鞅在秦国的封地叫作商，所以他又被称为商鞅。他主持的这次变法，就是历史上著名的商鞅变法。

商鞅变法的内容跟李悝变法、吴起变法差不多，都是加强立法和政府执法的权威、削弱旧贵族的爵位俸禄继承权、加强训练军队、奖励耕战等。关键就是三条：用法制取代礼制，用官僚取代贵族，用军功取代世袭。

　　经过商鞅变法，秦国也跟楚国一样骤然变得强大。这就是公叔痤和魏武侯对外搞"人才输出"的结果。

　　除了公叔痤把吴起输出到楚国、把商鞅输出到秦国，魏国还搞了一次人才输出，就是把孙膑输出到齐国。

　　孙膑到齐国之前，公叔痤已经死了。把孙膑请进魏国和输送出去的都是一个人——魏国大将庞涓。庞涓跟公叔痤一样，是一个才能非常突出、人品非常差的家伙。这种人也就是在公叔痤当权的时候，才有机会出人头地。

　　孙膑是庞涓的师弟。他们两人都是鬼谷子的学生，庞涓知道孙膑才华出众，但跟公叔痤一样，怕孙膑抢了自己的位置，还怕他去了其他国家成为自己的对手，就找人把孙膑给骗到魏国来当一个小官，然后找借口栽赃陷害把孙膑下狱，判处了刖刑，把他双足砍掉，还在脸上刺字，想通过这种方法毁掉孙膑。但孙膑还是找机会逃到齐国，给齐国的公子田忌当幕僚。就这样，庞涓把孙膑这个人才"输送"到齐国。

　　通过这样的"人才输出"，楚国有了吴起、秦国有了商鞅、齐国有了孙膑，三个国家开始联合起来对付中原霸主魏国。

　　先是吴起出兵北伐，帮助赵国从魏国手里夺走中山国的土地。后来吴起死了，魏惠王觉得这是个机会，就派遣庞涓北上去攻打赵国，包围赵国的首都邯郸。赵国紧急向齐国求救。齐威王以田忌为主师、孙膑为军师带兵去支援赵国。孙膑并没有直接去邯郸跟魏军主力决战，而是南下偷袭魏国的首都大梁。庞涓闻讯，赶紧亲自带领少量精锐回援，结果在半路被孙膑亲自带兵埋伏截击，在桂陵这个地方一战就把庞涓给活捉了。这就是历史上著名的"围魏救赵"之战。

　　孙膑活捉庞涓之后，并没有马上报仇雪恨把庞涓给杀了；相反，他把庞涓给放了。他熟悉庞涓、知道庞涓的军事水平，让庞涓继续当魏国的主将对自己有利，所谓"知己知彼，百战百胜"。桂陵之战，庞涓只带了少量精锐兵马回来救援，孙膑虽然活捉了庞涓但没有机会消灭魏军的主力，所以他要把庞涓放了，等待新的机会——孙膑不仅战略战术突出，还能克制自己报仇雪恨的欲望，这是他作为顶级军事家的厉害之处。

庞涓果然不吸取教训，过了几年又带兵去南下攻打韩国，想要吞并韩国来挽回自己上次攻打赵国失败的颜面。孙膑再次带领齐国军队前往救援，再次上演"围魏救韩"的把戏，围攻魏国首都大梁，迫使庞涓带兵回来救援。这一回庞涓觉得自己吸取教训了，不能再带着少量轻骑兵着急往回赶，而是带着全部主力撤退。他认为上回是自己人数太少才被孙膑打败的，这回带着主力肯定没问题。

孙膑等的就是他带着主力移动。孙膑这次的计谋又加了一层，带着齐军边战边退，做出打不过魏军的样子，还不断地故意减少开火做饭的土灶的数量，第一天挖10万个，过两天挖5万个，再过两天挖3万个。庞涓一看，齐军节节败退，而且不停地在减灶，那肯定是军心不稳、士兵在不停地开小差逃走。于是就放下心理"包袱"，放心大胆地再次带着少量精锐快速追击齐军。孙膑抓住机会，在马陵这个地方再次设下埋伏。这一回他就没有手下留情，布置了弓箭手伏击庞涓，把庞涓射杀在马陵，然后乘胜追击，歼灭魏军主力10万人，俘虏魏军主将太子申。这就是历史上著名的"马陵之战"。

马陵之战不仅击杀了庞涓，最关键是消灭了魏军主力，吴起当年训练出来的魏军精锐——魏武卒也在这一仗中被消灭殆尽。

与此同时，秦国这边趁着齐国击败魏国的机会，商鞅亲自带领他变法训练出来的新式秦军，渡过洛水，连续击败魏军，收复了河西之地和函谷关。

没有了魏武卒和河西之地的魏国，就此沦为二流国家，退出国际争霸的行列。

这样，魏国在吴起的攻击下丢掉了中山国，在孙膑的攻击下丧失了魏武卒，在商鞅的攻击下丢掉了河西之地，先从超级霸主变成普通强国，又从普通强国沦落为二流国家。公叔痤、庞涓的"人才输出"彻底葬送了魏国的前途，战国的国际局势就从魏国一家独霸变成秦国、楚国、齐国、赵国四大霸权分别从西方、南方、东方、北方逐鹿中原的格局。

胡服骑射：赵国的军事改革

魏国的衰落和秦、楚、齐三强国崛起，标志着战国历史第一阶段结束。关键标志是马陵之战，庞涓被杀、魏武卒全军覆没。这个时间是共和500年（前342年）。

马陵之战以后，战国历史就进入第二阶段。从魏国独霸变成四国争霸，这四国不包括魏国，魏国已经成了二流强国，只能当配角。真正的主角是魏国北方的赵国、东方的齐国、西方的秦国和南方的楚国。这四个中原地区外围的强国围绕中原地区展开的争霸。其中的主角是齐国和秦国，这是战国第二阶段实力最强大的两个国家，第二阶段的争霸主要就是齐国和秦国的斗争。

我们分头来讲，就是赵国、齐国、楚国和秦国各自的发展。

赵国崛起的关键，是赵武灵王的胡服骑射改革。赵国没有像秦国和楚国那样变法，主要就是搞了点军事体制改革。因为它在北边，长期跟北方的匈奴作战，军队战斗力比较强悍。赵武灵王继位的时候，距离马陵之战已经过去15年。赵肃侯已经利用魏国衰落的形势把赵国发展壮大了，引起秦国和齐国的警觉。等到赵肃侯去世，齐国、秦国、魏国、楚国还有北边的中山国都派使者来吊丧，说是来吊丧，每个使者团还带了1万兵马，就是看有没有机会趁着赵国国丧内部混乱，找机会抢占一点地盘，削弱赵国。幸好赵国文臣武将非常团结，没有出乱子，坚决抵制各国军队入境，只让使者进入首都吊唁。各国使者进入首都经过观察，觉得无机可乘，也就各自退兵了。

这个事情给刚继位的赵武灵王一个很大的警示。那就是赵国已经成为各国的"公敌"。以前是魏国独霸，赵国只需要处理来自南方的魏国的威胁就行了，可以跟西边的秦国、东边的齐国携手合作。魏国衰落以后，三晋之中赵国最强，秦国和齐国都虎视眈眈地准备瓜分赵国，魏国也把赵国视为自己最大的威胁，北边的中山国之前被魏国灭了，现在也复国了，还在积极扩大地盘。秦、齐、魏再加上中山国联手围攻赵国的局面正在形成，东、南、西、北四个方向同时受敌，一个不小心，赵国就是第二个魏国。赵武灵王面对的局面，就是"逆水行舟，不进则退"。

为了应对这个威胁，赵武灵王才搞了胡服骑射改革，就是学习北方的游牧民族，大力发展轻骑兵。为了方便骑兵作战，连赵军的军装也改了，跟胡人的服饰比较接近。当时中原华夏文明地区对四面八方的狄夷是很鄙视的，觉得自己文明领先高人一等。文明领先是真的，但不是啥都百分之百的领先，在骑马打仗和相关装备方面中原地区还是有所不如。

赵武灵王的军事改革引起国内保守派的强烈抵制，主要是觉得先进文明向落后蛮夷学习非常丢人。但赵武灵王意志坚决，把改革推动了下去，把骑兵作为一个新的兵种引入中原地区。在赵武灵王之前，中原各国作战的兵种是没有骑兵的，都是步兵和车兵。因为那个时候还没有发明硬马鞍和马镫，人骑在马背上颠得很厉害、很不稳定，没办法在马跑动的过程中使用武器。马的作用就是用来牵引战车，还有就是运输人员和物资，真正冲锋陷阵没办法用骑兵。游牧民族因为从小骑马练习，是真正精通骑术的高手，勉强可以在马跑动过程中使用武器，但对骑术的要求很高。赵武灵王就学习游牧民族，训练出来春秋战国时期第一支以骑兵为主的军队。各个国家面对这个新的兵种，都有点措手不及，不知道如何应对。赵国因此骤然强大。

经过胡服骑射的改革，赵武灵王很快灭掉了中山国，又北击匈奴，最远到达今天内蒙古包头附近，在那里建立了九原城。

赵武灵王英雄一世，晚年干了一件很糊涂的事儿：先废太子，禅让王位给幼子，然后又反悔。他的太子赵章是嫡长子，也没有犯啥错误，纯粹就是因为赵武灵王宠爱妃子吴娃，强行给废了，立吴娃的幼子赵何，而且提前禅让了王位。这本来就已经够胡闹了，但以赵武灵王的赫赫武功和威望，也就没发生什么事儿。赵何在王位上对赵武灵王也很尊重和恭顺，赵武灵王在外边带兵打仗，赵何在国内由赵武灵王委派的能臣肥义辅助，干得挺好的。被废掉的太子赵章也表现得非常服从，还跟着赵武灵王继续到处打仗。

赵章跟着赵武灵王打仗久了，二人感情好了，赵武灵王又反悔了，觉得对不起赵章，想要把赵章也封王。这就会让赵国分裂成两个国家。赵何、肥义都觉得忍无可忍。最终双方决裂，赵何派兵在沙丘这个地方杀掉了废太子章，把赵武灵王包围在行宫里。为了不背负杀害父亲的罪名，就长时间围而不攻，最后把赵武灵王活活饿死在行宫里，这就是著名的"沙丘之乱"。

赵武灵王晚年的这个做法确实荒唐，最后被饿死也是活该。所以说他死了以后有两个字的谥号："武"和"灵"。大部分君主谥号都是一个字，而他是两个字。"武"就是他的胡服骑射改革，战功赫赫称武；"灵"就是晚年在继承人问题上乱来，搞出了沙丘之乱，在谥法里边，荒唐胡闹才叫"灵"，是下谥，是送给无道昏君的。受这个影响，后边几个赵王的谥号都是两个字，赵何的谥号是赵惠文王，赵何的儿子赵丹的谥号是赵孝成王，然后是赵悼襄王和亡国之君赵幽缪王。但这些两个字要么都是好谥，比如惠文、孝成；要么都是坏谥，比如幽缪；还有就是中谥或平谥，比如悼襄，悼只是说明这个君主命运不太好但没有贬义，襄的谥法意思是"辟地有德，甲胄有劳"，也就是努力打仗，用于臣下是好谥，用于君主就是平谥，就是干得很辛苦但没干出啥大成绩的意思，打仗有大成绩的就叫"武"了，打得一般般的才叫"襄"。只有赵武灵王是一好一坏。

沙丘之乱并没有中断赵国崛起的势头，因为赵惠文王提前继位了很久，王位其实很稳固了，杀掉废太子和赵武灵王完全是为了维护国家正统和防止国家分裂的正义且被动地反击，在道义上没啥大问题。赵武灵王一死，国家立刻恢复团结，没有引发更多内乱。赵惠文王在位时期，任用了廉颇、蔺相如、赵奢、赵胜等一大批名将贤臣，是赵国国力最为鼎盛的时期。

赵国虽然强盛，但最后还是在长平之战（共和582年）和宜安之战（共和609年）出了大问题。在这两次与秦国的战略决战中，赵国都是在刚开始任用有才干的将领，并占据了有利的战场局面，但在关键时刻被秦国离间，将其撤换，换上了王族血统的将领，最后招致惨败。长平之战是用赵括替下了廉颇，宜安之战是用赵葱替下了李牧。这两次惨败，直接导致赵国灭亡。

赵国在长平之战和宜安之战的失败说明，大国崛起，光搞军事改革不行，必须配合政治改革。政治不改革，王公贵族势力太强大，决策层被王公贵族控制，关键时刻还是赵家人可靠，不姓赵的靠不住，平民阶层出身的英雄人物不能得到充分的信任，连续两次中了秦国的离间计，这是赵国失败的一个重要原因。

当然，还有客观的地理和地缘战略因素：赵国的根据地晋中平原论物产丰富程度无法和秦国关中平原相比，在地缘战略上同时受到来自东、南、西三个方向的威胁，不能像秦国一样专心向东方一个战略方向经营发展。这也是赵国不敌秦国的一个很重要原因。

西河学派：士人与公族的角力

说完了赵国，我们再来说齐国。

战国有三大变法，李悝变法，在魏国；吴起变法，在楚国；商鞅变法，在秦国。没有赵国变法、没有齐国变法。齐国跟赵国一样，没有大规模的变法。魏国在李悝变法结束以后搞人才输出，输出吴起到楚国、商鞅到秦国、孙膑到齐国。吴起是军事家、政治家、思想家，商鞅主要是政治家和思想家，而孙膑就是一个单纯的军事家，在齐国的政治决策上说不上话，这也不是偶然的。这是由齐国的政治传统、政治特点决定的。

秦国和楚国都属于文化比较落后的国家，需要魏国的人才，齐国则不同，它的思想文化发达程度并不输于魏国，不太需要来自三晋地区的人才，它有一套自己的改革思想。

以孙膑的才华才能，齐国要是真的重用他，他也能变成政治家。可惜齐国没有给他机会，就把他当成一个军事参谋来使用。还不是国王的参谋，而是大臣的参谋。田忌是王族，但不是齐威王的儿子，更不是太子，甚至连宰相都不是。所以孙膑在齐国没有像吴起和商鞅一样受到重用，职位、权力都差得很远。

孙膑自己也意识到这个问题，马陵之战以后，他就找到田忌说：将军想干大事吗？田忌问他什么大事。孙膑就说，您现在歼灭了魏军主力，威震天下，朝廷里边嫉妒你的人很多，如果就这样回朝廷交差，恐怕会遭到小人的谗言离间，人身安全都难以保障。不如带兵返回自己的封地，控制通往首都临淄附近的战略要道，这样谁也不能把你怎么样。如果将来逼不得已，要想进军首都临淄，也不是什么难事。

孙膑的建议，其实就是让田忌为夺取王位做准备。因为这个时候齐国的精锐全部都在田忌手中，功高盖主，朝廷中又有很多嫉妒他的政敌，确实必须有所准备。齐威王还在，不好赤裸裸地造反，毕竟田忌手里的兵都是齐威王给他的。那就占领战略要地、割据一方，静观其变。在春秋战国时代，一个王公贵族大臣带兵控制着一片地区、不服从国君调度是很常见的现象，不合法也不算造反。田忌这么做，只要不直接去攻打齐国首都，齐威王就不好拿他怎么样，毕竟他手握重兵而又功劳巨大。最大的可能是默认现状。等齐威王死了，田忌就可以轻松发兵首都夺取王位。

如果田忌听从孙膑的建议，夺权成功，孙膑就理所当然地会成为齐国宰相，按照自己的路线在齐国推动变法，可能就是战国时期的第四大变法：孙膑变法。

但是，很遗憾，田忌拒绝了孙膑的建议，还是放弃兵权回朝廷复命去了。果然，他在朝廷里的政敌、大臣邹忌就开始动手了。邹忌使了一个坏招，派人假装成田忌的心腹，去找一个著名的占卜师，也就是算命的，让他算一下，田忌如果造反夺权，成功的机会有多大。这个假冒的心腹刚走，邹忌就去向齐威王举报田忌有谋反活动。齐威王派士兵去把那个算命的给抓了起来，一审问果然田忌在为谋反做准备。

田忌得到消息，跟吴起被公叔痤污蔑一样，有嘴说不清，连夜逃亡楚国，寻求政治庇护。

田忌逃走了，孙膑也就英雄无用武之地，从此归隐田园，专心教书。他的弟子把他的事迹和思想总结整理成《孙膑兵法》，与他的祖父孙武所著的《孙子兵法》齐名，流传至今，成为中华民族永远的文化思想瑰宝。而齐国也就没有采用法家思想进行变革，而是用了自己的传统思想——管仲学派的经济思想来进行改革。

为什么说齐国不需要魏国输出人才来搞变法呢？因为齐国的历史过于悠久、

文化传统过于厚实，形成了一个庞大的反对变法的封建贵族集团，让它很难推动法家那么激进的变法。

春秋战国四大强国里边，秦国的封建贵族势力比较小，秦国的土地不是分封的，是秦国国君亲自带兵从犬戎手里抢过来的，所以它一直很重视军功不重视贵族血统。楚国的封建贵族势力也很强大，但它承认自己文明程度比中原地区要落后，统治阶层比较"谦虚"，很重视从中原地区过来的人才，甚至还要发"招贤令"公开从中原地区吸引人才过来，当成宝贝一样地尊重使用。这样，吴起到了楚国、商鞅到了秦国，都当了宰相，能主持一次深刻的变法。

相反，四大强国里边，齐国和晋国的封建贵族力量就比较强大，而且文明程度长期领先，统治阶层比较"骄傲"，内部变法的动力不强，学习外部先进经验的动力也不足。晋国的国君是周天子后裔，是老牌的姬姓诸侯国，分封制传统很深，封建贵族的势力也很强大，所以晋国在春秋时期是第一霸主但落得一个三家分晋的悲惨下场，直接被内部封建势力给搞亡国了。魏国、赵国、韩国是从春秋时期的晋国分裂出来的。三家分晋以后，魏国短暂地革除了国家内部的封建贵族势力，用家臣任命制取代了世亲世禄制，通过李悝变法迅速强大。不过作为晋国霸权的继承人，它其实也是晋国文化传统的继承人，在思想文化上还是比较保守的。赵国和韩国也类似，改革变法力度都不大。

魏文侯、李悝、吴起都算是孔子的学生子夏的学生，而子夏并不是法家，而是非常典型的儒家。儒家思想的核心就是"克己复礼"，要恢复周朝的礼制，这个思想在魏国内部影响力始终非常强大。从秦国夺取了河西之地以后，魏文侯把子夏派到河西地区去讲学。子夏那时候已经很老，讲不动了，但以国君老师的身份去宣传魏国文化，影响力很大，聚集了300名子弟，形成战国时期著名的"西河学派"。

子夏的弟子里边，有两个特别出名，一个叫公羊高、一个叫谷梁赤。这两人都开了一门课程，就是讲解孔子编写的《春秋》。他俩的讲课内容后来被人整理成书出版了，公羊高讲的课就叫《春秋·公羊传》，又被称为《公羊春秋》；谷梁赤讲的课就叫《春秋·谷梁传》，又被称为《谷梁春秋》。这就是著名的"春秋三传"中的两本，是西河学派最重要的学术成果。"春秋三传"里边还有一本更有名，它就是左丘明写的《春秋左传》。《公羊传》和《谷梁传》的重点是"微言大义"，也就是阐述《春秋》里边的儒家思想内涵以及涉及的礼仪制度；而《左传》的重点是"讲谋略"，把《春秋》里面的大国博弈和政治斗争讲得更细致、更生动，所以现在《左传》最有名，因为普通人都喜欢看古人怎么打仗怎么搞政治斗争，不喜欢看讲大道理的书。甚至还有人推测，说《左传》就是吴起在西河郡守的时候组织人搞出来对抗《公羊传》和《谷梁传》的，因为《左传》重谋略，更符合吴起的思想。而公羊高和谷梁赤，就喜欢讲道理，宣传儒家的仁义道德、克己复礼那一套。吴起看不惯这套东西，就推了一个左丘明出来跟公羊高和谷梁赤对着干，按照自己的思路来解释《春秋》。不过，这只是后代学者的推测，没有什么有力的证据。

一般认为，孔子的思想可以分为"道"和"术"两个方面。道就是道德哲学的内容，比较抽象化、理论化；术就是研究现实政治的内容，比较重视实践。子夏在孔子的弟子里边是明显偏向于术的，所以他才会成为魏文侯的"帝王师"，以及李悝等一批法家思想家的老师。但子夏毕竟是孔子的弟子、儒家圣贤，他的弟子主要还是儒生。这样，子夏门人就分为两大派，一派以公羊高、谷梁赤为代表的西河学派，另一派就是以李悝、吴起以及他们的学生商鞅、韩非子等人为代表的法家。这两派不仅在学术上激烈斗争，在政治上也是水火不容。李悝、吴起代表新崛起的平民士人阶层，西河学派则得到魏国内部公族权贵势力的支持。

公族就是王公贵族，是国君的亲戚。魏国已经废除了世卿世禄制，因为魏国国君本来就是晋国的卿大夫，按照周朝的礼制，卿大夫往下就没有世袭制度了。卿大夫当了国君，手下就是一批他的家臣。但国君并不是只有一个儿子，他有很多儿子，只有其中一个可以继承君位，剩下的儿子以及儿子的儿子，子子孙孙那么多，大部分都不会继承国君的位置，但又不可能当成平民百姓对待，要给爵位、给俸禄。这些人，就是公族。战国时期，姓氏以"公"字开头的，基本都是公族出身，比如公叔痤就是魏国的公族，公羊高就是鲁国的公族。

诸侯国的公族，也就是相当于一个王国的王族、一个帝国的皇族。这些人特别希望恢复周礼搞封建世袭制的。他们觉得国家就是他们家的，不能只是君主的位置搞世袭，大臣的位置最好也是由公族世代担任。他们的这个愿望，或者说利益，就跟儒家"克己复礼"和"君君臣臣父父子子"这一套非常契合。所以，魏国的公族势力，就特别支持西河学派。

魏国的开国之君魏文侯当政的时候，他是用一种矛盾的、"找平衡"的、实用主义的态度来处理平民士人和公族之间的关系。一方面，魏文侯这个人眼界很高能力出众，能分辨人才，知道要治理好国家、在战国乱世称王称霸，公族内部很难找到合适的人才，必须面向平民阶层取材，所以他才会重用李悝、吴起。但另一方面，他也没法摆脱"家天下"的想法，也觉得最可靠的还是魏家人，自己的儿子、孙子肯定比外人更可靠，所以他也特别注意培育公族势力，组织了公族子弟特训班，让西河学派的学者给公族子弟"开小灶"上课，想要尽可能地从公族里边培养人才。公族势力本来就很喜欢儒家克己复礼那一套，两边自然一拍即合。

等魏文侯死了，魏武侯继位，这个时候魏国的国力正处在鼎盛时期，所谓"生于忧患，死于安乐"。魏武侯以及他的儿子魏惠王这两代人，就缺乏魏文侯创业的危机感，觉得天下就是魏国最强，谁也没法跟魏国抗争。李悝、吴起这些人的功绩看起来也没啥，我用谁不是用，为何不用自家人？所以就选择了魏国公族出身的公叔痤来长期担任宰相。公叔痤掌权，也就大力排斥以吴起为代表的平民阶层出身的士人英雄人物，大力任用王公贵族担任要职，变相地在恢复世卿世禄制。这么一搞，魏国培养出来的平民阶层优秀人才肯定就都往其他国家跑了，这才有了吴起去楚国变法、公孙鞅去秦国变法的故事。公孙鞅也是公族血统，但他不是魏国的公族，是魏国的邻国卫国的公族。跟孔子一样，属于没落贵族到邻国逃难的，在魏国的政治待遇更接近于平民阶层而非王公贵族。

稷下学宫：齐国经济文化的盛衰

　　齐国的情况跟魏国的情况比较类似。它也是老资格的周王朝嫡系诸侯国，是开国元勋姜子牙的封国。姜子牙和他的后裔是代表周王室镇守东方，齐国在周王朝政治版图中的重要性可以说是仅次于周王的中央直辖区。

　　西周之前，中华民族最重要的两大族群和文化源流就是来自西北的炎黄族群和来自山东的东夷族群。黄帝统一中原的时候，在经济文化上，东夷族群甚至还要更发达一些。周朝派姜子牙镇守东方，周王亲自镇守西方；这跟黄帝当年派大儿子镇守东方，自己镇守西方这个格局一模一样，就是老大和老二的关系。齐国建国后没多久，就成为周王朝的第三大政治、经济、文化中心，地位仅次于首都镐京所在的关中地区和洛阳所在的河洛地区，而镐京和洛阳都是周王亲自管理的。可以说，齐国文化经济也都高度发达。

　　而且，山东这个地方背靠大海，战略位置比较好，主要防备来自西边山西、河南这个方向的敌人就可以了。它最主要的邻国是鲁国。鲁国是周公姬旦的封地，由其长子建立，建国的时候带了一大批文献典籍过去，后来以礼法完备而著称于诸侯，相当喜欢繁文缛节，食古不化，拒绝任何改革。这个风气非常适合孔子这样的大学者做研究，但不适合参与春秋战国的乱世争霸。周初两个关键的东方封国：鲁国和齐国，周公给了鲁国典章书籍，给了齐国征伐之权，事实证明征伐比典章好用。晋国是姬姓诸侯国，因为坚持世卿世禄制被三家分晋；鲁国也是有样学样，搞出来一个"三桓乱政"，国君被三大家族架空，形同虚设。齐国欺负鲁国的本事还是有的，所以它的本土一直很安全。

春秋早期的时候，周王权威衰落，齐国就趁机崛起。齐桓公很有魄力，任用管仲担任宰相搞改革，把内政和经济搞得红红火火，然后又打出"尊王攘夷"的旗号，名义上恢复周王的权威，实际上自己当霸主维护国际秩序，还团结大家北上抗击山戎、南下抗击南蛮——也就是楚国，捍卫华夏文明。当时许多小国不断地被秦国、楚国、晋国吞并，危机感很重，齐桓公不吞并小国还搞"尊王攘夷"，非常符合这些小国的利益诉求，就乐于尊齐桓公为霸主。这也是齐国在春秋战国时期的"高光时刻"，最有面子、地位最高的一段时间。齐桓公也被后世公认为"春秋五霸"之一。

"春秋五霸"到底是哪五个霸主有争议，但不管在哪个版本里边，齐桓公和晋文公这两个人都是有的，他俩是最受公认的。"春秋五霸"之中，晋国最强，只有它曾经连续在战场上击败过其他三大强国：秦国、齐国、楚国。真正的霸主，必须要能击败其他强国才行，光打一圈周边小国是不算数的。齐国曾经跟楚国起过冲突，两边军队都开到前线准备开打了，最后还是达成和平协议，齐桓公对齐军的战斗力还是没有足够的信心。

秦国、齐国、楚国都只是区域性的霸权。齐桓公从来没有称霸中国，他的影响力始终局限在华北地区，晋国、楚国、秦国都不买他的账。齐桓公在位的时候组织过几次诸侯国在河南葵丘会盟，号称"九合诸侯，一匡天下"，但都是宋国、陈国、蔡国、鲁国这一圈齐国周边的小国来捧场，秦、晋、楚三大强国并没有参与。有一次会盟，晋献公曾经打算参加，但走到半路听到消息，说齐桓公有点"骄"，会盟的时候不太把其他诸侯放在眼里。晋献公想了想，自己不能跟小国诸侯一样对齐桓公卑躬屈膝，就半路折返回国去了。

管仲和齐桓公死了以后，齐国就更不行了。几个卿大夫家族拥立自己相中的代理人争夺君位，齐桓公的五个儿子卷入，史称"五子之乱"。从此以后，齐国国君的权威就大大下降，卿大夫家族之间的争权夺利成为国内政治主线。齐国军队在战场上也不断地被晋军和楚军击败，最后选择给晋国当"小弟"，共同对抗文化差异巨大的楚国。

春秋时期真正意义上的全国诸侯大会是共和296年（前546年）举行的第二次弭兵之盟，这一回跟齐桓公葵丘之盟不一样，秦、晋、楚、齐四大强国都参加了，这样的会盟才有实际意义。这次会盟的结论是大家公认只有两个霸主：晋国和楚国，这两个国家平分中原地区的霸权，所有参会的小国都要同时向这两个霸主进贡和朝拜。秦国是楚国的盟友、齐国是晋国的盟友，都不享有霸权，也不需要朝拜晋国和楚国，算是两个独立强国。

前文说过，吴起对齐国的评价主要是"其国富，其政宽"六个字，也就是经济繁荣、法令废弛，政治、经济、文化政策都非常自由。自从立国以来，长达六七百年的时间，齐国本土的经济核心区都没怎么经历过战火，经济非常繁荣，人民自由的生产贸易，首都临淄家财万贯的富贵世家可以说是数不胜数。它的政策法令非常宽松，君主权力不大，大家族把持国政，不管是做生意，搞政治还是行军打仗，家族成员从来都不把国家的法律政令放在眼里，各自为政。

战国时期，受到魏国变法强大的影响，齐国的情况也跟着发生了变化。政府在首都设立了稷下学宫，由官方资助进行自由的学术研究，学者拥有"不治而议论"的特权，也就是不承担实际政治责任的发表言论臧否时政，这也是齐国政策宽松的一个体现。

稷下学宫繁荣了上百年，聚集了战国时期一大批优秀的学者，可以说是名流如云。齐国以外的很多大学者也纷纷到稷下学宫来访问学习，孟子、荀子都去过稷下学宫访学，荀子在稷下访学期间还担任过祭酒（也就是名誉院长）。论思想文化的发达程度，战国时期齐国说自己第二，没人敢说自己第一。晋国、魏国、鲁国都要让它三分。魏国搞的西河学派主要就是儒家，而稷下学宫则是兼容并包、百家争鸣，儒家、法家、道家、名家、兵家、纵横家、阴阳家各个学派都在稷下学宫有自己的代表性思想家和代表性著作出现。这其中最能代表稷下学宫学术成就的就是《管子》和"管仲学派"。

春秋战国的人写书都喜欢叫某某子。孟轲写的书就叫《孟子》，既是书名也是人家对孟轲的尊称。《荀子》就是荀况写的书，同时又是对荀况的尊称。

《管子》这个书名的意思，就是它是管仲写的。但它并不是管仲写的，是稷下学宫的学者根据历史上流传下来的管仲言行记录，进行编辑完善后的各种文章的一个合订本，它内容非常多非常杂，法家、儒家、道家的思想都在里边能找得到，可以说是稷下学宫学术研究的集大成之作。参与《管子》编纂的这一批学者和他们的思想，就被称为"管仲学派"。

一般认为，管仲学派是法家思想的一个分支，被称之为"齐法家"，与之对应的就是"魏法家"或者"秦晋法家"，总之就是一个东一个西。魏法家比较严厉，强调君主集权和严刑峻法，最有代表性的就是韩非子打的比喻：水很柔软，火很凶猛，但是每年被水淹死的人数都大大超过了被火烧死的人数，因为人们害怕火，都知道火一碰就会被烧到，所以会非常小心谨慎。国家的法令就应该像火一样猛烈，一碰必被烧，一旦违反必被严惩，对违法犯罪行为要坚决杀一儆百，这样大家就都会遵守法律，违法犯罪的人反而会变少，真正被法律处死的人反而没多少。如果像水一样有弹性，随便触碰都没事儿，大家就会视法律为无物，疯狂试探法律的底线，社会就会陷入混乱，最后死的人更多、国家损失更大。反之，齐法家比较宽松，虽然主张法治，但明显融合了儒家和道家的思想进来，主张谨慎细致地制定法律，把道德感化和法律惩戒相结合等。

不过，本书作者对"齐法家"这个说法持怀疑态度。《管子》所代表的管仲学派应该单独成一家，而不是跟儒家、法家、道家混在一起。法家，就是魏法家或者秦晋法家、三晋法家，就是李悝、吴起、商鞅、韩非子这一派。齐国的管仲学派应该单独起个名字，叫经济家。就是注重搞经济，从经济的维度来看待国家治理。

战国诸子百家的主要流派应该是五大流派：儒家、法家、道家、墨家、经济家。从阶层或者利益集团的划分来看，儒家主要代表传统贵族集团的利益，法家代表新兴的军功集团，墨家主要代表底层人民的利益，经济家主要代表商业阶层或者新兴中产阶层的利益。道家哪个阶层的利益都不代表，它代表了那些想要超脱现实阶级阶层利益追求个人思想自由、个性解放的人群，也就是不想卷入政治、经济等世俗利益纷争的那群人的想法。

　　儒家的政治理想是克己复礼、恢复封建；法家的政治理想是君主专制、严刑峻法、奖励军功；墨家的政治理想是穷人结社、经济公平、终止战争；道家的主要理想是小国寡民、清静无为；经济家，也就是管子学派的主要思想是建立公平自由的市场经济，实现自由贸易和经济繁荣，以强大的经济实力支撑国家称霸。

墨家钜子：墨学勃兴及其影响

儒家、法家，我们在前面都介绍过了，道家不太关心现实政治，主张清静无为，认为政府最好什么都不做，自然天下太平人民安居乐业，希望建立"小国寡民"的自然经济社会。比较有意思的是墨家和经济家。在介绍《管子》的经济家之前，我们先了解一下墨家。

墨家的创始人墨子是底层出身，有人说他是农民出身，也有人说他是城市的工匠，也可能两种说法都对，属于农村进城务工人员，反正都是底层人物。也有人认为，墨子的"墨"，来自于木匠行业。传统木匠为了保证他加工制作的木料边缘是直的，就会用一根棉线蘸上墨水，拉直了之后在木头上弹一下，形成一道笔直的墨线，然后照着这根墨线对木料进行加工。所以墨子出身工匠的可能性比较大一点。《史记》里面说他是宋国贵族的后裔，但到墨子出生的时候，他的家族早就已经破败了，沦为社会底层，比孔子家还不如。

墨子应该是中国历史上第一个出身社会底层的著名思想家。这是战国时期经济文化高度发达才能产生出来的人物。城镇手工业高度发达，工匠阶层的人还有一定的人身自由和空余时间，可以有机会阅读书籍、有时间思考抽象的问题，才能产生墨子这种级别的思想家，他的思想才能够广泛传播，还被整理成文字典籍保存流传下来。墨子的出现，是中国文化的奇迹和骄傲。除了中国，没有哪个国家在公元前就能出现来自底层、代表底层的大思想家。思想文化在上古时代都是被贵族阶层高度垄断的，能够出几个代表平民地主和商业富豪阶层的思想家就了不起了，根本不可能有底层思想家出现。就算有个别脑子灵活有想法的，别人也会把他当疯子，不可能有众多的弟子门徒，让他的思想得以大规模传播并流传后世。

墨子的出现和墨家思想的大规模传播，必须是城镇化手工业商品经济高度发达、必须是书籍文字在民间广泛传播这两个条件同时满足，才可能出现的奇迹。

底层人民的思想很好理解，核心政治诉求就是两条。第一条从古至今都没变过，从墨子到马克思都一样，就是经济公平、分配公平；第二条就是反对战争，不要打仗。战争受伤最深的就是底层，只要能生活在没有战乱的世界，然后辛苦劳动可以得到公平的报酬养家糊口，农民和工匠这种底层老百姓就很满意了，他们渴望的也就是这两条。

墨子也就以这两条为核心政治诉求，提出了"兼爱"和"非攻"两大口号。兼爱就是人人平等，反对贵族特权，关键是经济分配要公平，非攻就是反战。这都好理解，但理解墨子思想的关键不在这两条，关键在他的方法论，就是通过什么方法来说实现这两条。儒家思想其实也主张仁政，所谓仁政也是两条，第一条是减轻老百姓的经济负担，第二条是反对不正义的战争。

单从目标上来看，儒家和墨家没有根本性的区别。他们主要是实践的路径方法不一样。儒家的仁政，靠的是贵族阶层和君主的仁爱之心，上层统治者大发慈悲，少收点苛捐杂税、少发动些侵略战争，这就是仁政了。儒家非常尊重统治阶级的特权和利益，想通过道德劝说的办法来节制他们的贪欲，不要把底层老百姓剥夺的太过分了。"君君臣臣父父子子"，君父高高在上，臣子低低在下。臣之道和子之道是为了消灭被统治者的反抗之心，维护封建统治的；反之，君之道和父之道呢，也包含了一些约束统治者欲望、制约统治者权力的内容。这是儒家。

墨家不一样。墨家就不认可君父的特权、不认可封建等级制度，它认为这些东西就是骗人的、反动的，底层人民要维护自己的权利，只能靠自己的团结。墨家只相信来自底层人民的英雄人物，不相信贵族老爷的善心，要靠底层人民自己团结。

怎么团结呢？就是两个字——结社。

结社才是墨家思想的关键，是它跟儒家、法家、经济家根本的不同之处。儒家、法家、经济家都可以说自己反战、都可以说自己是在为全天下老百姓的利益考虑，法家虽然代表军功阶层，也可以说自己主张以战止战，天下统一了自然就没有战争了。怎么说都能圆过去，这些思想流派都不会公开承认自己喜欢战争杀戮、喜欢无底线地剥夺底层老百姓。但他们也都不会赞成底层人民自己结社。

什么叫结社？就是成立一个代表底层人民利益的政治团体，可以叫什么会、什么团、什么帮、什么派之类的，比如天地会、青红帮、义和团，这就是结社。结社的最高级形态是结党，成立一个有纲领有组织甚至有武装的政治党派。

在墨子来看，他的全部政治纲领，包括实现经济公平、政治平等、终止战争等，都要靠底层人民自己结社来实现。墨家学派不仅是一个学术团体，还是一个组织严密的政治团体，有非常严格的组织纪律。组织成员如果去做官或者做生意，领到的工资赚到的钱大部分都要上交给组织，用于组织的活动经费。而且，如果君主不执行墨家的政治路线，墨家学者就应该马上辞职走人。

墨家学派的首领被称为钜子，所有的成员都要服从钜子的命令。墨子在世的时候，有一回楚国想要出兵攻打宋国。宋国是墨子的祖国也是墨家学派的主要活动基地，墨子就亲自前往楚国去劝说楚王不要打宋国。他把自己的防御战术给楚王演示了一遍，让楚王相信，有墨家弟子帮助宋国守城，楚国要想攻下宋国的首都必然损失惨重，得不偿失。楚王当时找著名的工匠鲁班制作了最新的攻城器械，墨子当着鲁班的面讲解了他会用什么新的守城工具来对付这些攻城器械。鲁班看了也束手无策。

墨子最后说服了楚王。他的说服力来自哪里？不仅来自于他的口才，最关键的是他背后有好几百名墨家弟子在宋国首都，这帮人按照军事化纪律组织起来，思想信念坚定、行动统一、视死如归，还擅长使用各种攻城和守城的器械，相当于春秋战国时期的特种部队了。楚王不得不服软。后来还想邀请墨子到楚国做官，其实也就是想把墨子的这支特种部队引到楚国，但是被墨子拒绝了。

不管是春秋战国时期还是后来的君主，都不会喜欢墨家这种军事化的政治组织。没有哪个君主会希望自己手下的大臣还从属于另外一个政治组织、服从另一个首领的命令。所以墨家在战国时期，虽然声名显赫，但始终干不成什么大事，墨家学派也出不了大官。孔子以及儒家弟子还出了一些国家的宰相或者君主的老师，墨家是一个都没有。制止楚王出兵伐宋就算是它在政治领域的高光时刻了。战国时期最受用的始终还是法家。

等到战国结束，秦始皇统一六国，中国建立起来大一统的君主专制政体，儒家思想就吃香了。代表军事军功集团利益的法家一家独大的局面逐步终结，变成儒法并用，儒家思想的重要性越往后越高。秦始皇是独尊法家的，到了汉朝就是儒家、法家、道家杂用，唐朝后期开始，儒家成了主流，宋明时期就是儒家独尊了。这个变化的原因，就是随着国家的大一统，军队和战争在国家政治中的地位相对下降，行政管理在国家政治中的地位不断上升，带动着武将地位下降、文人士大夫的地位上升。但不管武将和文人的地位如何变化，法家和儒家的地位如何变化，墨家都始终被专制君主弃之不用。在一些特殊时期，甚至道家和后来传入中国的佛家思想，都会被君主用于治理国家，比如汉朝初期用道家思想搞"休养生息"、南朝梁武帝尊崇佛教把佛教立为国教，唐朝中前期也是道家、儒家、法家、佛教都在混用，唐朝皇帝相信道家的创始人老子跟自己一样姓李，还追认他为祖先，武则天称帝前后，还把自己描写成弥勒菩萨转世。但再怎么混用甚至乱来，都始终没有墨家思想什么事儿。

这里边的关键就是，专制君主制和底层政治结社之间存在着不可调和的矛盾。

墨家这种做法不仅国王和皇帝不喜欢，文人士大夫也同样不喜欢。儒家喜欢讲：书中自有黄金屋、书中自有颜如玉、书中自有千钟粟。对绝大多数人来说，刻苦读书是为了什么？还不是为了吃好点、穿好点，买得起大房子还能多娶几个老婆。读书还是为了升官发财，搞仁义礼智信也好、为天地立心也好、为生民立命也好，这些都可以，但不要影响自己享受优越的物质生活。儒家推崇的封建等级制度很符合人性，也不是说当了官就要成天花天酒地，但按照级别来享受不同的生活待遇还是应该的。级别越高工资越高、待遇越好难道不是应该的吗？

而墨家就不这样，墨家讲究的是要跟底层人民过一样的生活，不管是钜子还是普通墨家学派的成员，都应该穿着跟农民工匠一样的粗布衣服，吃粗茶淡饭，穿破旧布鞋，居简陋的茅屋，跟劳动人民同吃同住同劳动，不能追求任何超越普通劳动者的物质享受。墨子自己就是这么做的，他的弟子和后来的钜子也都坚持这一条。跟孔子相比，墨子才更像一个真正的圣人，完全磨灭了自己的欲望，不追求任何物质享受和权力地位，坚持过一种苦行僧一样的生活，为了底层人民的利益奔走奋斗，努力践行自己人人平等和天下太平的理想，直到生命的最后一刻。

用孔子的标准来要求知识分子，有相当大比例的人是能做到的。但要是用墨子的标准来要求知识分子，绝大多数人就做不到。知识分子在古代属于精英阶层，有钱人家才能供得起孩子读书，要让读书人长期这么做，绝大多数人无法接受。相对来说，还是儒家思想比较务实。

战国时期贵族衰落、士人阶层崛起。士人就是来自平民阶层中的精英分子，儒家和法家的思路就是让这些精英分子跟君主靠拢，知识精英就去做文官士大夫，军事精英就去追求立功封侯；墨家的思想就是让这些精英分子去跟底层劳动人民靠拢，成为底层结社的中坚力量，推动经济公平和阻止战争。

所以，墨家思想在战国时期昙花一现，一度跟儒家并列为当世两大显学之一。在秦统一中国建立大一统的中华帝国以后，墨家思想很快就被专制君主和文人士大夫抛弃了，迅速地销声匿迹，墨家学派后继无人。

墨家学派真正最适合干什么呢？其实它非常适合用来指导底层革命，也就是造反。底层结社，形成一个纪律高度严明的政治组织，围绕在一个领袖周围为了共同的理想而战斗，这就是革命造反的一种极好的方式。后来颠覆元朝的白莲教、反清复明的天地会等，其实都是在采用底层结社的方式来造反。但墨子并不主张结社造反，他还是想通过跟世袭君主合作、让墨家弟子到政府做官来实现政治理想。这就是一种空想，不可能实现的。

后来，中国大一统历史上出现了很多底层结社造反的事情，但都没有举过墨子或者墨家思想的旗帜。因为古代的底层造反一般都事发突然，来不及吸引知识分子参加，也不会提前进行广泛的意识形态宣传，底层老百姓对墨家思想的理论完全不了解不熟悉，真的被逼着造反了，都是先用老百姓熟悉的民间宗教来当作旗帜，搞点什么"篝火狐鸣""黄天当立""神仙附体"之类的动作。

墨子的思想在古代社会，有点"高不成、低不就"。精英分子可以认可"兼爱""非攻"的理想，但不能接受苦行僧一样的平等生活；底层老百姓倒是喜欢也愿意接受钜子结社这种形式，但没法理解墨子复杂深刻的思想，而且墨子也没说过要造反或者支持造反的话。在讨好君主和文人士大夫方面，它不如儒家；在进行底层动员方面，它又不如白莲教这种民间宗教。可以说是生不逢时，也就只能在战国时期靠着墨子个人的人格力量兴盛起来然后传承那么三四代人，就迅速衰落了。

墨子的思想是到什么时候才重新引起人们的重视呢？一直要到晚清，想要推翻清朝统治的革命党人，开始重视墨子的思想。因为到了近代，之前的白莲教起义和太平天国起义都被镇压了、失败了。搞近代革命，再靠民间宗教来进行动员是肯定行不通了。文化广泛传播，底层人民中的知识分子数量、比例都大幅度上升，必须要搞点有理性、有深度的思想出来，才能进行更广泛的社会动员。外国的思想有一大堆，但中国自己的革命思想从哪里找呢？找来找去，非宗教的革命思想，最好用的就是墨家了。

底层结社是清朝中后期最重要的民间革命组织形式，比如天地会，就是结拜兄弟的方式结社，还有青帮、红帮，以及后来革命党人自己组织控制的各种会党。这些会党组织，就特别适合用墨子的思想来指导工作。首先是纪律必须非常严明，会党成员要严格遵守纪律和服从领袖、统一行动甚至不惜牺牲个人的生命，做事情要重诺守信、见义勇为、扶危济困、除暴安良；还要求会党领袖必须以身作则，要带头艰苦朴素跟大家过一样水平的生活，关键时刻要冲锋在前享受在后，这样才能获得领袖的权威。此外，领袖还要有点学问和思想，不是完全的匹夫之勇，能够对组织成员进行思想引导教育，懂得一些国际大势、国家大局。这就是典型的墨家钜子模式了。墨学又是纯粹的中国人自己搞出来的学问，比西方的孟德斯鸠、卢梭之类早了2000年。所以，革命党人就开始努力鼓吹墨学和墨子，主张"墨学救国"。

孙中山称赞墨子为"世界第一平等博爱主义家"，把他跟黄帝、华盛顿、卢梭并列为四大伟人。卢梭是指引法国大革命的启蒙思想家。启蒙运动倡导的"平等、博爱"，都可以在墨子的"兼爱"和"尚同"的思想里边找到相应的表述。孙中山说的四大伟人，就是两大政治家和两大思想家，中国两个、外国两个。华盛顿是西方现代自由民主国家的创始人，黄帝是中华文明的创始人，这两个人并列；卢梭的西方民主革命思想的创始人，墨子是中国人人平等思想的创始人，这两个人并列。尤其是墨子还主张"选天子"，也就是最高统治者要通过选贤任能的程序来推举，不是世袭，这跟孙中山倡导推翻帝制建立民主共和国的理想不谋而合。著名历史学家王桐龄在1922年形容道："就目下形势而论，墨子学说之传播力，乃正如日出东方，光焰万丈，有普照全世界之观矣。"

不过墨子的思想复兴运动也没有持续很久。它毕竟是2000多年前的思想，论深度、广度和科学性，都已经严重落后于时代了。

经济学派：《管子》的治国理政思想

墨子讲完了，咱们再来看百家争鸣中最后的一家：齐国稷下学派的代表作《管子》的"经济家"。

"经济家"这个词是本书作者发明的，为的是跟儒家、法家区分开，尤其是不想再用"齐法家"和"魏法家"这个概念了。法家就是魏法家，或者三晋法家或者秦晋法家。至于所谓的"齐法家"，作者给它改个名叫经济家。

《管子》这本书里边的内容很多、很杂，既有儒家也有法家的思想，如果有法家思想就叫齐法家，那它是不是还可以叫齐儒家？其实不管儒家还是法家，在《管子》里边所占的篇幅都不多，也不是它的主要特色，《管子》里边又有大约三分之二的篇幅都是在谈经济问题。但《管子》的内容并不是讲如何经商致富的，也不是讲政府如何为商业阶层利益服务的，它是讲经济的，也就是"经世济民"之术，是从政府的视角来研究如何实现国民经济持续健康发展，可以说是人类历史上最早的宏观经济学著作。

西方的经济学起源于古希腊哲学家亚里士多德的《伦理学》。亚里士多德把经济问题放在了研究家庭伦理的书里边来讲，研究一个家庭如何理财致富，是典型的"微观经济学"。

人类历史上最早对一个国家经济进行宏观调控的思想起源于中国，起源于《管子》。而且不是一般的起源，是相当深刻系统地进行了研究和论述。正因如此，作者才觉得应该把管子学派的思想叫作经济家，跟儒家、法家、墨家、道家并列为先秦五大治国理政思想，借此也可以明确宏观经济学思想起源于中国。

《管子》对宏观经济管理的核心关注点在于三个字——"轻重术"。什么叫"轻重术"呢？所谓轻重，其实就是价格高低的意思。什么东西的价格比较高，在《管子》里边就说这个东西比较"重"，就是贵重的意思；什么东西价格比较低，在《管子》里边就说它比较"轻"。"轻重术"就是对市场上的商品价格进行管理调控的一套技术，用今天时髦的经济学术语来说，就是"通过干预价格机制来对市场经济进行调控的方法"。

认真学过经济学的人都知道，市场经济运转的核心机制就是价格机制。《管子》的经济学思想以"轻重术"为核心，就是抓住了市场经济的关键问题，那是相当具有前瞻性和洞察力的。

《管子》里边说，"市者，货之准也"；"货之准"，也就是货物的价格标准。市场是什么，就是各种商品形成价格的地方。又说，"市者，天地之财聚也，而万人之所和而利也"——市场是天下财富的聚集之地，每天都有成千上万的人在市场上通过交易来牟利。《管子》又说，"无市则民乏也"——一个国家如果市场交易不发达，人民就会陷入穷困。反之，如果利用好市场，因利制导，就可以做到"不推而往，不引而来，不烦不扰，而民自富"。

这几个论断对市场经济的认识就已经很深刻了。市场的基础作用就是价格形成，在此基础上交易让各方都赚到钱。

《管子》的这种前瞻性和洞察力来自哪里？不是某个天才凭空想出来的，当然就更不是现代经济学家穿越回春秋战国写出来的。它来自春秋战国时期高度发达的商品经济、市场经济形态。

唯物辩证法告诉我们，社会存在决定社会意识。春秋战国时期的学者能够观察到价格机制在市场经济调控中的核心作用，它的社会存在基础就只能是高度发达的市场经济。早在西周建国时期，周武王的大臣就向武王汇报说，治理天下有八件大事，第一件叫"食"，也就是吃饭，民以食为天，粮食安全有保障就不会天下大乱，这是第一等最重要的事儿；第二件叫"货"，也就是货物，一般的物品不叫货，只有参与市场交易可以买卖的才叫货。第三叫"祀"，也就是祭祀鬼神和祖先（《尚书·洪范》）。这里就把管理商品的生产和交易放到仅次于吃饭的重要地位，比祭祀还要重要一点。这是中华文明世俗化特征的一个体现，对政府来说，满足老百姓的吃穿用度比祭祀鬼神更重要，这也是我们自古以来商品经济高度发达的一个重要原因。

为了治理好这个"货"，春秋战国时期的学者就总结了四个字，叫作"轻关易道"。这个字最早出现在晋文公时期也就是春秋中期。"轻关"就是降低关税，这里的关税是各种路口设立的关税，包括国家和国家之间的关税，但主要是国内关税；"易道"就是让道路交通更加容易，也就是大力发展交通基础设施的意思。降低税收成本、降低交通成本是发展商品经济、市场经济的不二法门，我们的先秦古人早就想明白而且已付诸实践了。

中国古代市场经济高度发达的又一个明证，就是铜钱的大量使用。在铜钱的使用上，中国在人类古代史上是独领风骚甚至是独一无二的。其他古代文明地区，它们使用货币有两个极端，要么就是天然货币，像贝壳之类的天然等价物来充当货币；要么就是贵金属，也就是黄金、白银和金币、银币。天然货币是非常原始落后的形态，数量有限而且没办法统一面值，难以支撑大范围的市场交易。金币、银币看起来比较先进，但有个问题就是面值太大，不支持小商品流通。老百姓的日常生活不可能拿着黄金、白银去买二两盐、一斤米、一把菜刀、两尺麻布。金币、银币为主的国家，其商品交易活动基本上就只存在于少量贵族精英阶层中间，用于贵重物品的交易，还有就是作为财富储藏起来世代传承。老百姓的生活只能是自给自足或者以物易物为主。

欧洲国家一直到近代，都是以金币作为主要流通货币，货币就是一个只有贵族富豪才能玩得起的奢侈品，国际贸易和大宗商品交易才用得上，商品经济跟普通老百姓基本无关。要等到大航海时代，西班牙殖民者在南美洲发现了大银矿，才带来大量的银币涌入欧洲，刺激了它的商品经济发展。至少要到17世纪之后，欧洲的商品经济发达程度才可以跟中国的春秋战国时期相提并论。古代社会大规模用铜币来交易的经济体，中国是独一家，从春秋战国时期一直到清朝，铜币都是发行量最大的货币。不管是农民还是工匠，甚至沿街乞讨的乞丐，兜里都可以随时揣着一点铜钱，拿来购买自己所需要的日常生活用品。

官方统一发行铜币的时代要到汉武帝铸五铢钱，在这之前，官方和民间都可以铸造铜币。一般来说政府会制定统一的铸币标准，按照这个标准铸造的货币才方便流通。中国是世界上最早使用金属货币的国家。目前出土的最早金属货币是商朝大墓中出土的铜币，不过数量不多。到了西周，铜钱就用得更多了。春秋战国500年的大混战，各大国以及它的势力范围内又分别形成自己的铜币标准。当时中国主要分为三大经济区，分别有三套货币系统。

最发达的是东边齐鲁经济区，用的是刀币，把铜币铸造成小刀一样的形状；第二发达的是西边的传统西周经济区，包括韩赵魏三晋、中原地区，以及受它影响的秦国关中地区，有两种铜币同时流通，一种是像叉子一样的布币，一种是圆形圆孔的环币；第三个经济区就是楚国的南部经济区，这里最落后，用的是铜贝，就是像一个小贝壳一样的铜钱，上边穿一个孔，还保留了贝壳天然货币的形状，样子也最难看，上边往往刻着楚国的古文字，看起来像是蚂蚁的六条腿，整枚铜钱看起来又像是人的鼻子，所以又叫"蚁鼻钱"，其实它更像贝壳，还是叫铜贝钱比较合适。这些铜币的共同特点就是上面都要印上字，还要打一个孔，方便用线串起来携带。

春秋战国时期的铜钱传世和出土的数量非常大，以至于到2000多年后的今天，还是几十块钱就能买到一枚，都不算是什么珍贵文物，就是个纪念品、收藏品。

这些数量又多价值又低的大量的铜币，满足、支撑了春秋战国时期商品经济的迅猛发展。

按照《荀子》的说法，当时的情况是"泽人足乎木，山人足乎鱼，农夫不斫削、不陶冶而足械用，工贾不耕田而足菽粟"。翻译成白话就是："住在平原上的人可以获得足够的木材，住在山上的人可以获得足够的鱼虾，农夫不用干工匠的活儿也可以获得足够的农具机械，商人和工匠不用耕田也可以获得足够的食物。"这就是一片商品经济促进社会大分工的繁荣图景。在中原地区的市场上，来自北方的马匹、东海的鱼和食盐、南方的染料、西方的皮革，都是应有尽有、自由交易。各个国家都有很多大型的交易市场，像齐国的首都临淄，市场上人流车流混杂，摩肩接踵、挥汗成雨，百货齐聚、富商云集。

城市里手工业分工也很细，有做马车的、做皮革的、做陶器的、做木匠的，种类繁多，号称百工。《墨子》里边说："凡天下群百工，轮车鞼匏，陶冶梓匠，使各从事其所能。"墨子就是工匠出身，墨子的思想就是城市小手工业者的利益代表，墨家学派在战国能够有这么大的影响力，也说明了战国时期城镇手工业有多么发达、从业人员是何其众多。

所以说，中国古代的经济，绝对不是某些人所说的什么"自给自足的封建经济"。中国古代的小农经济从春秋战国时期开始，就不是自给自足的，而是高度分工的商品经济、市场经济。有学者做过估计，汉朝时代的中国农民大概有三分之二的物品是从市场上购买的，而且农村地区专业化种植经济作物、不种粮食也早就成为非常常见的现象[1]。这就是基于大量贱金属铜钱作为货币基础发展起来的高度发达的市场经济。

所谓"自给自足的封建经济"，不应该用来形容西周以后的中国，主要是比较符合欧洲中世纪的情况，也就是春秋战国之后1000多年里欧洲的情况。普通农民自给自足、以物易物是常态，由于物资流通极其不发达，还有很多封建领主都没办法在自己的城堡里买到足够多的食物和日常消费品，没法固定在一个地方居住，要带着家臣不断地换地方就食。中国一个普通地主要维持全家的生活都不会这么麻烦。

古代中国，至少从春秋时期开始甚至可能从商朝开始一直到汉唐宋元明清，在和平时期一直是高度发达的市场经济社会。我们现在把做生意的人叫作商人，就是来源于创建商朝的商族人，他们的发源地介于农业地区和畜牧业地区，喜欢在两边倒买倒卖赚钱，商族倒买倒卖的东西就叫商品，从事买卖的人叫商人就是这么来的。商朝遗址里边也真的有铜钱出土。商品经济、市场经济在中国历史悠久，积淀深厚。

---

[1] 王小强:《最发达的市场经济》，香港传真，2011年1月31日。

有了这个基础，才有了《管子》的经济家思想学派横空出世。根究翟玉忠的总结，管仲学派对市场经济的理解就是：市场是可以自动组织发展的，但市场会自动走向不均衡，需要政府利用价格机制——也就是"轻重术"来进行调解。

《管子》里边说，市场交易本来是很公平的，但是人和人做生意的本事不一样，同样做生意，有的人会亏本，有的人却可以一本万利。时间长了之后，市场上的财富就会往少数人手里集中。这会出现严重的贫富差距，出现一部分人奴役另一部分人的情况。政府——也就是君主的一个重要责任就是要遏制这种情况。《管子》说，如果有1万辆战车的国家，出现了有1万两黄金的大富豪；有1000辆战车的国家，出现了有1000两黄金的大富豪，那这个国家就会出问题。贫富差距过度，豪强就会不服从国君的管理，而穷人就会不惜铤而走险以身试法，社会就会无法治理。

这些思想是很深刻的，洞察到市场经济的本质。用今天的话来说，就是既要发展市场对资源配置的基础性作用，又要遏制资本无序扩张，政府要积极干预市场，遏制两极分化，让市场发挥效率的同时又能保持社会公平。

为了达到这些目标，管仲学派提出很多具体的措施。比如秋天收获的时候粮食比较便宜——也就是粮食"轻"的时候，由政府出资进行收购存储；到了春天刚开始耕作的时候粮食就会比较昂贵——也就是"重"的时候，政府就把储备的粮食拿出来卖。通过这种"轻重"的平衡，就可以遏制一部分商人进行粮食投机牟取暴利。还要把林地和海边的盐场收归国有，但并不由国家直接经营，而是承包给私人，政府按照核定产量收取百分之三十的租税，这叫"官山海"，算是国有承包制等。

有一些被西方自由市场经济思想洗脑的人可能对"轻重术"不以为然。他们会自作聪明地说，秋天收购粮食春天卖出这样的事情完全可以交给市场去做啊。秋天粮食便宜，春天粮食昂贵，商人想要赚钱，自然就会在秋天买进春秋售出，这跟政府搞"轻重术"效果不是一样的吗？政府来搞说不定还有很多贪污腐败之类的黑幕，效率更低。

持这种认识的人，对真实世界的市场经济还是了解得不够深入，有点想当然。政府有贪污腐败那就应该反腐败，而不是直接放弃正事不干。为了防止腐败直接让政府瘫痪，这是很荒谬的想法。政府在秋天买粮、春天卖出，是公开的按照一定标准操作，秋天买了之后春天粮食价格高它就真的会低价卖出去，从而平抑物价。但对不需要承担社会责任的商人而言，最赚钱的方式真的是在春天价格高的时候低价卖出吗？

不对，最赚钱的方式是在粮食价格高涨的时候继续买进，囤积居奇、哄抬粮价。

为什么？因为粮食是基本生存物资，为了保命倾家荡产也得买，一旦稀缺之后价格涨起来是没有上限的。假设秋天的时候，市场上可以买到的粮食总共1000万斤，一块钱一斤，那就是价值1000万元，春天涨到了两块钱一斤，全部卖出去能卖2000万元，赚1000万元。但这还不是最赚钱的办法，最赚钱的办法是不着急卖，反而把市场上少量的余粮高价买进来，然后大家都买不到粮食，想要不饿死、要想有种子种田，那就只能高价买。控制了粮食供应的商人，就算把粮食价格涨到十块钱一斤，人们也必须得买。通过人为制造紧张，投机商人收购1000万斤，按照十块钱一斤卖出去300万斤，就能卖3000万元，扣除成本赚2000万元，比两块钱一斤把1000万斤全部卖出去赚得还要多。那剩下700万斤怎么办？宁可在仓库里边烂掉也不卖，因为这700万斤卖出去会影响那300万斤卖高价。反正商人们的唯一目标就是多赚钱，那些买不起十块钱一斤粮食的人就活该饿死，他们才不会管呢。

所以说，政府搞"轻重术"平抑粮价，是为了让市场机制更好地发挥作用，不是破坏市场效率。政府控制着必要的粮食数量，大商人就不敢轻易大量地囤积粮食哄抬粮价，小商人在价格低的时候多买一点，等到第二年春天价高的时候卖出去赚点小钱那是完全可以的。"轻重术"的核心就是要在轻和重之间搞平衡，让价格变动比较稳定，不是完全取消价格机制，消灭价格波动。只有物价稳定了，投机倒把的投机分子和囤积居奇的垄断资本不能谋取暴利，市场才能稳定持续高效地运转。2000多年前的管仲就已经把这个问题想得很明白了。

管仲虽然主张政府积极干预市场，但又反对过度干预搞整齐划一的政府定价。《管子》里边说，齐桓公问管仲："平衡供求有定数吗？"管仲回答说："平衡供求没有定数。平衡供求，就是要使物价有高有低，不经常固定在一个数字上。"齐桓公说："那么，平衡供求的数字就不能调整划一了吗？"管仲回答说："不能调整划一，调整划一就静止了，静止则没有变化，没有变化则物价升降没有差别。没有差别，各种商品就不能被我们掌握利用了。"可见，管仲也非常重视市场自由交易定价机制的作用，政府只做有限干预，干预的手段主要是通过"轻重术"也就是参与市场物资的买卖来实现，不搞硬性的计划管控。

《管子》里边还非常超前地提到"民相役"的概念。它说，如果一个国家的政府不能有效地遏制贫富差距，就会导致"民下相役"，也就是富起来的一部分人会奴役另一部分人。所以政府一定要有遏制贫富差距扩大的决心和能力。"民相役"这个概念，就已经有了反对地主资本家对劳动者剥削压迫的意思了，可以说马克思主义政治经济学的一些基本思想在《管子》中就已经有了萌芽。

管仲不仅知道平衡价格"轻重"的好处，还知道"轻重"被打破的破坏性威力。把"轻重术"变成一项经济武器，用于春秋国际争霸。

根据《管子》记载，管仲辅佐齐桓公，为了打击鲁国，他就大力收购鲁国的丝织品——鲁缟，鼓励民间多穿鲁缟做的衣服，同时限制齐国国内的纺织业发展。齐国因为纺织业受到打击，大家都拼命种粮食去了。管仲同时限制鲁国的粮食进口，让鲁国的粮价维持在一个比较低的位置。这样，鲁国就大力发展丝织品产业，农地大量地放弃种粮食改种桑叶用来养蚕。过了几年，管仲突然宣布，禁止进口鲁国的丝织品，同时禁止齐国向鲁国出口粮食。

这样一来，鲁国的粮食产量无法满足自身的需求，价格暴涨，同时它的丝织品价格暴跌，种桑养蚕纺织的老百姓纷纷破产，社会经济出现了严重的动荡。为了能够从齐国得到粮食，鲁国国君不得不亲自前往齐国表示臣服，服从齐桓公的霸权。

这就是利用价格机制、利用"轻重术"来进行国际争霸的一个典型案例。

讲完《管子》的思想，就必然涉及一个问题，《管子》这么厉害，为什么齐国没有统一六国？

实际上，管仲确实是用这套理论帮助齐桓公实现了霸权，如果管仲的路线被长期坚持下去，齐国很可能真的就统一六国了。管仲在世的时候，齐国的发展势头非常好，秦国、晋国、楚国只能说在齐桓公的霸权面前保持相对独立，而无力与之抗衡，再这样发展三五十年，肯定是齐国来统一天下。问题是管仲和齐桓公死了以后，卿大夫贵族势力反扑，拥立齐桓公的几个儿子争位，把这个发展进程给打断了。

田齐称雄：齐国的第二次霸权

由于春秋战国时期的史料非常稀少，有记录的也主要都是政治军事活动，关于经济政策变化的资料基本没有。齐国到底是怎么从"管仲路线"转变的，我们只能推测。

在史料里边，有这么一条值得关注。"田氏代齐"的故事里边，《史记·齐太公世家》记录了这么几件事儿，说齐国著名的政治家晏婴，也就是晏子，在出使晋国的时候私下跟一位晋国大夫说过一段话。晏子说：齐国的天下早晚要被田氏家族夺取。为什么呢？因为田氏能借公事施私恩，有恩德于民，受到人民的拥戴。后来晏子甚至对齐景公也这么直接地说：田氏将来可能要夺权，因为他非常善于给民众施以恩惠，比如收公粮的时候，就用小斗收，发放救济的时候，就用大斗来发放。君主征税多，田氏施舍多，民众都归向他了。您的后代如果稍稍怠惰，国家就要成为他们的国家了。

从晏子的这些话来看，田氏是典型的"宽政"的代表，尤其是这一句"君主征税多，田氏施舍多"，说白了就是拿着国家的财税去做好人，给自己在政治上加分。这段话乍一看，应该是好事，说明田氏很为人民着想，施加恩惠有什么不好呢？

但问题是，所谓的"民"到底是指的什么人？真的是指老百姓吗？在宣传的时候，它指的是老百姓，但后来的历史反复证明，在真正制定和执行政策的时候，很多所谓的"惠民"政策往往都是惠到豪强权贵家族头上。管仲和齐桓公的政治路线，就是富国强兵，国家要富有，要用各种办法来增加财政税收，为此不惜将山林和海滩收归国有，也就是"官山海"。国家财政有了钱，才能有强大的军队，才能给老百姓提供各种政府公共服务包括灾害救济、修建城墙和道路等。田氏看起来就不太喜欢这么干，而是喜欢减轻税收，用小斗来征收公粮。这些"惠民"措施最终会让什么人得到好处呢？实际效果很可能不是普通老百姓得到好处，而是卿大夫家族、地方豪强、大土地大资本所有者得到好处。

公粮少收了之后，大家族大地主就会给农民减租吗？恐怕很难。姜姓齐国国君，毕竟是齐桓公的后代，虽然他们的个人能力不如齐桓公，也没有管仲这种高人的辅助，但应该还是会延续管仲、齐桓公的治国路线，遏制权贵世家和大地主大资本家无序扩张，通过对这些豪强权贵征收比较重的税负来保证国防开支和政府公共服务。而田氏为了夺取政权，再加上田氏就是最显赫的卿大夫贵族，他们就反对这条治国路线，而主张降低税赋，用这个方法来讨好国内的大家族。这种方法很有效，最后成就了"田氏篡齐"的伟业，夺取齐国国君的宝座。

"田氏篡齐"这个春秋战国时期重要的历史事件，背后很可能就隐藏着两种治国思路的斗争和变化。春秋时期是一个卿大夫贵族势力崛起、国王国君势力衰微的历史时期。早期的时候，是周天子的势力下降，诸侯国国君势力上升，齐桓公和晋文公就是典型代表；到了中期以后，就是国君势力下降，卿大夫势力上升。最典型的就是春秋时期两次大规模的诸侯会盟——第一次弭兵之盟和第二次弭兵之盟。第一次是诸侯国的国君参加，第二次就变成各国掌权的卿大夫参加。结果第一次弭兵之盟达成的协议根本就没有被遵守，很快晋国和楚国就大打出手，爆发了著名的鄢陵之战。第二次弭兵之盟是卿大夫主导，协议就得到很好地执行，大国之间的战争停止了，进入一段比较长的和平时期。然后就是三家分晋和田氏代齐，卿大夫在晋国和齐国两大强国直接篡权上位，终结了春秋时代。然后就是卿大夫势力开始走下坡路，开启了士大夫崛起的战国时代。

由于以田氏为代表的卿大夫家族的架空，管仲的治国路线最终被抛弃了，这是齐国在齐桓公之后再不能建立霸权的一大关键。

管仲的治国思想，是在诸侯国君势力的上升期产生发展的，体现了加强中央集权富国强兵的思路；田氏代齐，是卿大夫贵族势力上升、架空国君势力的诉求的体现。等到吴起在魏国跟李悝一起搞变法的时候，吴起就总结说"齐政宽"。宽就是宽松，经济贸易活动非常自由，对富豪权贵尤其宽松，自由兼并土地产业投机倒把大发横财，这么一个"宽"。

等到战国中期，田氏已经把齐国国君的位置坐稳了，立场自然也就要跟着变。田氏也开始推进加强君主权威的改革。其中的一个办法就是开稷下学宫，打着学术研究、学术议论的旗号来恢复管仲路线。

稷下学宫在政府的支持下，把之前流传下来的管仲故事重新进行整理，又加进去很多新内容，最终编订成《管子》一书。这就促成了管仲治国理政思想的一次复兴，为加强中央集权和君主专制奠定了理论基础。

开稷下学宫的这个齐国君主叫田午，他的谥号竟然也叫齐桓公，这是齐国历史上的第二个齐桓公。这种同一个国家不同的两代君主用同一个谥号的情况极其罕见，为了区别，一般把这第二个齐桓公叫作田桓公。田午死后得到桓公这个谥号，说明当时齐国政坛上上下下复兴管仲路线的呼声确实非常强烈，开稷下学宫、整理管仲思想的君主才被称为桓公。

齐国的第二次崛起，也就是从第二个齐桓公开始的。

田齐桓公死后，他的儿子继位，这就是齐威王。他一开始没有称王，是在后来马陵之战击败魏国以后称的王。

齐威王继承他父亲的遗志，用稷下学派的思想来推动改革。这次改革的时间跟秦国商鞅变法和吴起外逃到楚国变法是一个时间，不过力度跟商鞅变法和吴起变法相比明显要小很多，所以在历史上不太有名，说起来战国三大变法还是李悝变法、商鞅变法和吴起变法。齐国这次只能叫改革，他的主持人是齐威王和丞相邹忌，也就是那个用阴谋诡计把田忌赶走、逼得孙膑回家赋闲写兵书的邹忌。

邹忌这个人跟魏国的公叔痤有点像，是个才华出众的人物，但人品不太行，用阴谋陷害才能比自己更出众的田忌，逼得田忌跑到楚国。这跟公叔痤用阴谋逼吴起跑到楚国一样。田忌毕竟是田氏家族的成员，楚王不像信任吴起一样信任他。要是楚王重用田忌和孙膑再来一次田忌变法，然后田忌也跟吴起一样带兵去找齐国报仇雪耻，那齐国估计会跟魏国一样倒大霉。

田忌和孙膑的改革路线不清楚，没有留下准确的史料记录，但他们的主要功劳成就都是打仗，以军功集团的力量为依靠、以法家思想为指导推动变革是战国时期变法的基本套路。邹忌是纯粹的文官，是改革派，他的改革并不包括全面得罪世袭贵族的内容，主要就是强化一下行政，总结成八个字就是："谨修法律而督奸吏"，意思是完善修订一下法律，加强法律的执行，然后处罚、淘汰一批无能或者贪腐的官员。这个过程中君主的权威得到加强、政府效率得到提高，但贵族豪强的既得利益基本不动。经过这么一搞，齐国的国力也得到加强，这才有了田忌带着孙膑连续两次击败魏国，歼灭魏军主力的巨大成就。

马陵之战后七年，齐威王和魏惠王在徐州相互承认对方的王位，算是正式称王，与周王、楚王平起平坐而高于其他诸侯，这就引起赵国和楚国的不满。赵国和楚国配合，楚国去打齐国、赵国去打魏国，楚军在徐州击败了齐军，赵国和魏齐联军打成平手。不过齐威王和魏惠王的王号也算是保住了。

齐威王死了之后，稷下学宫继续繁荣，齐国也继续沿用管仲学派的思路来完善国家治理，它的国力继续发展壮大，一度势不可当，连续击败了战国七雄的其他六大强国。

首先是燕国。共和528年（前314年），燕国发生内乱，齐宣王乘机发兵干涉。只50天就攻占燕国都城蓟，也就是今天的北京，几乎灭亡燕国。后来由于燕国内部各地的反抗和其他几大强国的干涉，齐国才被迫从燕国撤军，也抢回来了大量的财富。

共和541年（前301年），齐宣王去世，他的儿子齐湣王继位。这个时候齐国的国政是孟尝君田文掌控，王位继承没有引起任何内政外交方面的动荡。在田文的统筹之下，齐国对楚国干涉齐威王称王的事情发动复仇之战。齐将匡章率领齐、魏、韩联军大破楚军于垂沙，史称"垂沙之战"，从楚国手里夺取了淮北地区的大片土地。从此楚国不得不屈服于齐国，还把太子送到齐国当人质。

第二年，韩国的太子去世，田文又联合魏国，强迫韩国国君立齐国支持的公子咎为太子，谋求进一步控制韩国的国政。

又过了两年，共和544年（前298年），田文再联合韩国和魏国攻击秦国，史称"三国伐秦之战"。战争耗时两年，联军击败了秦军，而且攻克了函谷关。秦国被迫割地求和。

数年之内，齐国连续击败秦国和楚国两大强国，又让魏国和韩国基本上沦为自己的附庸。齐国这个时候已经成为名副其实的战国第一霸主。

干完这些事儿以后，齐国又把目标瞄准了自己身边的另一个小国——宋国。

宋国是周公分封的商族后裔的居住地，商朝灭亡以后，商族在政治上受歧视，只能发挥自己原来的专长也就是经商，专心做生意，加上宋国位于齐国、晋国和楚国三大区域的交界处，商旅往来频繁，商业经济一直都非常发达，这才有了城市手工业出身的思想家墨子横空出世。宋国的首都商丘，以及济水北岸的陶丘，获水和泗水交汇处的彭城，都是极为繁荣的商业都会。其中商丘跟齐国首都临淄，并列战国时期最繁华的两大都市。不过它军事力量不行，被齐国、楚国、晋国以及后来的魏国轮流欺负，被迫上贡，破财免灾。还有一点就是他继承了商王朝的政治特点，搞"兄终弟及"，国君死了以后第一顺位继承人是国君的弟弟，没有弟弟才让儿子继承。这个继承制度不如嫡长子继承制度那么稳定，因为大部分人都会觉得儿子比弟弟更亲近，王位继承容易引发内乱。宋国的内政也一直是乱糟糟的，迂腐落后，不具备参与大国争霸的能力。

宋国充分利用自己在三大强国交界处的特点，不断地在强国之间搞平衡，不让某一个强国能够独吞自己，在春秋战国这个乱世苟活了好几百年，而且日子过得还不错，实属不易。一直到战国中期，宋康王登基，突然间觉得自己这么有钱，完全可以把财富实力变成军事实力，于是开始大量扩军，频繁地跟齐国、魏国、楚国发生军事冲突，跃跃欲试想要参与诸侯争霸。

一个大国要想建立霸权或者参与国际争霸，光有钱是不够的，地理地缘的战略底子也很重要，甚至更重要。秦国、楚国的经济都大大落后于中原国家，但人家地理位置好，够安全，有机会慢慢扩张。宋国这个地方是周公给选好的，四周都是平原无险可守，想要造反，旁边的齐国、卫国和晋国随时杀过来就可以给灭了。在春秋早期，还有一大堆小诸侯国的时候，宋国要是能抓住机会扩张改善一下国防局势说不定还有机会。到了战国中期，周边就只剩下几个超级强国了，还想从头创业武力扩张，那就是找死。宋康王趁着齐国忙着对付楚国和秦国的机会，安逸了20来年，自以为成了中原一霸了，等到齐国把秦国和楚国打服气了以后，就开始专心解决宋国的问题。

共和556年（前286年），齐湣王派遣韩聂举兵攻打宋国。齐军很快就攻克了宋国的首都，宋康王在逃亡过程中被齐军抓住杀掉了。宋国灭亡，包括首都在内的大部分土地被齐国吞并。

齐国吞并宋国以后，国势之强一时无两，鼎盛时期的晋国和魏国可能都难以与之相比。为了吞并宋国，齐国还跟赵国打了一仗，并且打赢了。也就是说当时所有的强国都被齐军击败了，燕国还被打得几乎灭亡，宋国直接就给吞并了。齐国的商业经济就高度发达，有了宋国以后经济实力就更强，经济家的治国能力也得到充分的证明和展示。

五国伐齐：战国局势的巨大转折

从齐国吞并宋国之后的局面来看，齐国在齐秦争霸中已经占据了上风，统一六国的更应该是齐国而非秦国。但这只是表面现象，齐国的优势只持续了很短的时间就被打破了。齐灭宋之后只过了两年，齐国首都就被攻破、国君被杀，百分之九十的国土被敌国占领，走到几乎亡国的地步。

这种戏剧性的局面从外部局势来看，是因为齐国之前把六大强国全都得罪了一遍，必然遭到六国的联合反扑。但是，秦国之前也把韩、赵、魏、齐、楚得罪过，也出现了六国联合制秦的局面，还有齐、魏、韩联军伐秦，秦国却挺了过来。这是为什么呢？

有两个关键点，一个是地缘战略格局不同。秦国依托关中平原，三面环山，地缘安全比较有保障，不管是进攻还是防御，主要就是向东这么一个战略方向。齐国在最东边，南边是山地又修了齐长城比较好防御，东边是大海无须担心，主要也是向西进攻和防御，但它的地缘安全形势有一个大的缺陷，就是来自北边的燕国。燕国从北边去攻击它，是一马平川的华北大平原。之前，齐国往西、往南经营势力范围，很注意跟燕国搞好关系。齐桓公和管仲时代，还派兵帮助国燕国抗击北方蛮族入侵。但共和528年（前314年）燕国内乱的时候，齐国出兵侵略燕国，差点把燕国灭国。这个仇恨结下之后，燕国就一直跟齐国势不两立。它北边的防御漏洞就出现了。

第二个关键点，齐国以管仲之道来治理国家，没有用法家思想来搞变法，只是国家治理模式的改革，但没有颠覆传统贵族的地位，也就是"只换制度不换人"。管仲经济思想非常好用，国力迅速强大，但战国时期改革的主流是加强君主权威，打击世袭贵族分权，利用平民士人英雄来治理国家，这是一个阶级大变动的历史过程。没有经过精英治理阶层系统性地"大换血"，它的君主专制制度就不稳定，容易发生内乱。

齐宣王和齐湣王时期，朝政大权其实掌握在田婴、田文父子手中。田文就是著名的孟尝君。这父子二人作为公族势力的代表，长期担任宰相。由于齐国世卿世禄制改革不彻底，公族势力就逐步演变成为新时期的卿大夫，在朝廷担任高官掌握政权同时有自己的独立封地，并由本家族控制封地内部的政治、经济、军事。田婴、田文父子一边在朝廷当宰相，一边在自己的封邑里大量招纳"食客"，不管是出名的贤士还是犯罪逃亡的亡命之徒，都招纳到门下作为私人势力。

田文当权时期，发动了三国伐秦和吞并宋国的战争，都取得胜利，这是他最大的成绩。可谓功高盖主，一时间天下只知有孟尝君而不知有齐王。

共和548年（前294年），齐灭宋之后两年，田文的好朋友、另外一个公族贵族田甲，突然发动政变，带领数百名家丁冲进宫中挟持齐湣王。不过很快就被四处赶来的勤王兵马击败，政变失败了。

由于史料缺乏，现在没人搞得清楚这场政变的背景，也不知道田甲挟持齐王到底想干什么。但这件事情无疑属于公族内讧，并彻底引爆了齐湣王和田文的矛盾。齐湣王怀疑事情是田文在幕后指使，目的是想要夺取王位，就打算杀掉田文。

田文得到消息，连夜狂奔逃走，进入魏国。魏国国君马上就把他任命为宰相。

孟尝君奔魏，是齐国霸权终结的关键事件。

我们都还记得之前田忌被邹忌诬陷，被迫跑到楚国的事情。田忌没有想要报复齐威王或邹忌，没有跟楚国结盟试图反攻齐国，这是齐威王运气好。但田文不一样，他非常生气，下定决心要复仇。于是联络魏国、赵国、韩国还有秦国，以及北边的燕国，发动了五国伐齐之战。

之前齐国的战略全都是田文主持制定的，齐国的漏洞、弱点在哪里他比谁都清楚。魏国在早期霸权覆灭以后，有个说法叫"战国之腰"。就像一条连接秦国和齐国的腰带，上半身是赵国、下半身是楚国。孟尝君到魏国当宰相，要寻齐国复仇，秦国当然不会放过这个机会，双方是一拍即合。秦军借道魏国直扑齐国，率先夺取了齐国九个城池。秦军一动，韩、赵、魏就放心了，因为它们都怕打齐国的时候秦军在后边捣乱。秦军先过来开打，韩、赵、魏就立刻跟进。

这一次五国伐齐，西边的四个强国——韩、赵、魏、秦的军队进攻其实跟当年三国伐秦是一样的，都是从一个方向打过来，计划就是击败齐军，让齐国割地求和。三国伐秦是从东往西打，攻破函谷关然后退兵；这回是从西往东打，打到齐长城让齐国认输，把之前侵吞的宋国的土地割让出来分给秦、韩、赵、魏一些，然后退兵，就是这么计划的。

但是，燕国的加入改变了局面，成了"压垮骆驼的最后一根稻草"。它在齐国的北边，不需要从西往东打，直接从北往南打就行了。而且燕国为了报仇雪恨，准备了足足20年，倾尽全国之力练出了20万精兵，早就下定决心要找机会把齐国灭国，不是来抢一把就走的。有了燕国的加入，情况就变了。燕国大将乐毅担任五国联军主将，带兵在济水与齐湣王带领的齐军主力会战。

离开了孟尝君，齐湣王对军队的指挥就很不灵光了。会战的结果，齐军大败，齐湣王带着残兵败将逃回首都临淄。

这个时候，另外四国就不想再深入齐国腹地，毕竟人家只是来抢地盘的。五国联军就地解散，秦军、魏军掉头南下去攻打原来宋国的地盘去了，赵国军队占领了赵齐交界处的河间之地，但燕国20万大军在乐毅的带领下穷追不舍，直奔临淄而去。齐湣王抵抗不住，只好放弃临淄往南逃亡到南边的莒县。

莒县靠近楚国。楚国没有参加这次五国伐齐的战争，齐湣王就去楚国求援。楚国同意出兵，结果楚军北上不仅没有支援齐军，反而把齐湣王抓起来给杀掉了，趁机夺回了之前被齐国占领的淮北之地。楚国不仅抢地，还要杀人，估计是跟齐湣王有点私人恩怨。当年在齐国当人质的太子就是现在的楚王，他回国的时候，齐湣王要其承诺割让土地才放人。估计太子在齐国没少受气，这回正好公仇、私仇一起报了。

五国伐齐的结果，率先出兵的秦国拿到宋国的首都陶邑，魏国和韩国瓜分了宋国剩下的土地，赵国夺取了之前跟齐国反复争夺的黄河沿岸两国边界的土地，楚国夺取了淮河沿岸两国边界的土地。燕国获得除了莒县和即墨之外的其他齐国土地。不过燕国的国力有限，没办法长期占据齐国，最后被即墨的齐国军队反攻。燕国军队被击溃，齐国基本上复国。但燕国带走了齐国尤其是首都临淄的大量财富，齐国由此实力大衰。

孟尝君田文在大仇得报以后，回到自己在齐国的封地薛，事实上成了一个独立的诸侯，位于齐国和魏国之间，齐国和魏国都管不着他。等孟尝君死了以后，这块地方才被魏国和齐国重新瓜分。

五国伐齐终结了齐国的上升势头，让它沦为二流强国，再没有能力参与中原争霸。齐国也从此心灰意冷，彻底"躺平"。对韩、赵、魏、楚、燕联合秦国来攻打它这个事情念念不忘，后来秦国再怎么打韩、赵、魏、楚、燕，韩、赵、魏、楚、燕再怎么找齐国帮忙求救，齐国都一概置之不理，眼睁睁地看着秦国逐渐消灭其他强国。最后，几个强国灭亡，轮到齐国，秦军几乎是兵不血刃就打到临淄城下，齐国也就立刻投降，成为秦灭六国之战中最后一个被消灭的国家。

五国伐齐之战，也标志着战国第二阶段历史的结束。第一阶段是魏国独霸，马陵之战把魏国打成二流强国。第二阶段是秦、齐、赵、楚四国争霸，其中秦国和齐国最强，齐国还要更强一些。第二阶段的核心是秦齐争霸，两国轮流联合各国攻击对方，主线是齐国崛起然后吊打其他六国，最后的结局是五国伐齐，攻陷临淄，把齐国打成二流强国。战国历史也就进入第三阶段，这第三阶段的特点就是秦国一国独大，关东——也就是函谷关以东的几大强国单独或者联合来对抗秦国的入侵，也组织过六国伐秦，但是失败了，最后的结局是秦国把六国逐个消灭，统一了中国。

五国伐齐的故事也说明，一个大国经济再强，军事实力不足也不行。辛辛苦苦上百年，一仗打回崛起前，是历史上许多国家从兴盛到失败的常态。《管子》的思想可以"富国"，但富国并不必然强兵，中间需要有合适的制度衔接驱动。大国崛起，富国与强兵，两手抓，两手都要硬才行。秦国成功的关键，是它抗住了共和556年的齐、赵、魏三国伐秦，虽然打了败仗割地求和，但它的核心"基本盘"关中平原保住了；而齐国失败的关键，就是没有顶住五国伐齐，全国沦丧、首都失守。

在北方几大强国的改革变法过程中，赵国侧重军事改革，齐国偏重于经济改革和局部的政治整顿（韩国的申不害改革也与齐国类似），只有秦国是政治（废除世卿世禄制、建立郡县制）、经济（废井田、开阡陌）、军事（二十级军功爵位制）改革多管齐下，最终消灭了赵国和齐国，统一天下。

秦国崛起：秦献公改革与商鞅变法

　　战国第二阶段四强争霸，赵和齐的故事讲完了，还剩下楚和秦。先简单看一下楚国，最后才说统一六国的秦。

　　楚国的故事比较简单，在七国当中它的经济和政治制度都最落后。春秋的时候还好一点，那时候中原各大诸侯国都被卿大夫势力搞得天翻地覆。楚国的政治制度基本上是学习西周，楚王虽然称王跟周王平起平坐，但本质上是一个诸侯国的框架，下边没有独立的诸侯国，而是分封了一大堆卿大夫家族。由于兼并了大量的淮夷氏族，国内难以实现真正的君权专制。卿大夫家族一方面在朝廷里面瓜分了高级职位掌握中央政权；另一方面在自己的封地里当土皇帝，有兵、有地、有民，相当于一个半独立王国。春秋时代楚国和中原诸侯都是这个样子，大家差不多，楚国仗着自己地盘大、人口多、资源丰富，算得上是春秋一霸。但是到战国时期它就不太行了。中原各国纷纷变法，削弱卿大夫的封建势力搞君主集权，迅速变得强大。楚悼王学习魏国，依靠吴起变法也骤然强盛，但它的贵族势力还是太大，变法变到一半，楚悼王很神秘地"暴病身亡"。这个时候正好吴起带兵在外边跟魏国打仗，不在首都。所以楚悼王的暴病身亡非常可疑，很可能是被几大家族合谋给杀死的。

　　楚悼王一死，这些贵族势力立刻反扑把吴起给杀了，吴起搞的那些废除世亲世禄制的制度也基本上废了。后面一直到楚国灭亡，这个国家都没有完成军队的统一管理，就更别说整体的去封建化和废除贵族世袭制了。

楚国的军队，楚王能直接指挥大概百分之四十，剩下的百分之六十就掌握在屈、景、昭三大家族手中。著名诗人屈原就来自三大家族中势力最大的屈氏家族。屈原是想学习吴起搞改革的，想要争取楚王的支持、自己革自己家族的命，最后失败了，被放逐以后写下了著名的诗篇《离骚》。后来楚国被秦国灭亡的时候，楚国人就发誓说："楚虽三户，亡秦必楚"，字面意思好像是说哪怕只剩下三户人家，也一定要立志复仇灭秦，听上去挺悲壮的。不过这里说的"三户"指的是屈、景、昭三大家族，其实意思是只要这三大家族不灭，楚国就有复仇的希望，楚王家族灭了并不会动摇楚国的根基，是这个意思。

楚兵很强悍，打起仗来非常凶狠，中原地区的军队遇到楚军都不太敢跟他们正面冲锋。但他们的问题是一盘散沙，出去打仗都是几大家族带自己的军队，联合行军，没有办法进行统一指挥。这种情况在春秋时期可以，各国都是这么打仗的，到了战国时期就不行了，中原各国已经完成各自的军事改革，建立了君主对军队的绝对权威。行军打仗的时候，君主授权的统帅具有独断专行的权力，军事纪律相当严厉，可以说是如臂使指、指哪打哪。楚军这种散装的军队碰到秦军、魏军、齐军就不太打得过了。不过它始终是战国七雄里边地盘最大的国家，在秦国灭蜀之前，它领土面积差不多相当于另外六国领土加起来的总和，长江以南的地盘基本都是它的，横跨东西，从今天的重庆地区经过湖南、江西一直到江苏，同时跟秦国、魏国、韩国、齐国接壤。中原那些国家都号称千里之国，齐国和赵国最强的时候也就号称两千里之国，只有楚国号称五千里之国，可见它国土的广大。强盛的时候带甲战士上百万，战马上万，战车超千乘，论军队数量也是天下无人能敌。

吴起被杀了，世卿世禄制也保存下来了，不过吴起从魏国带过来的一套系统的法律还是被楚国继承了下来。它就靠着这套法律建立了一个还算现代化的国家治理框架，为战国时期勉强维持着一个强国的体面，在战国争霸里边扮演一个"超级配角"。四国围攻魏国的时候它出兵了，围攻秦国它也出兵，五国伐齐它也出兵，还单独跟秦国、齐国反复开战。但如果要跟某个强国单打独斗，楚军总体来说胜少负多。在玩谋略上，它也不如中原各国。楚怀王的时候，因为经常被秦军入侵，占了它600里地，就去跟齐国联盟。秦国一看有危险，就派宰相张仪去跟楚怀王说，只要跟齐国绝交，就把那600里地还给楚国。这种简单粗暴的谋略，楚怀王竟然真的相信了，派人去跟齐国绝交。事情办完了，秦国立刻翻脸说只给六里，不可能给600里。楚怀王大怒，派兵去攻打秦国，深入秦国国境，结果齐国在背后准备进攻楚国，只好撤军。后来，秦国又威逼利诱楚怀王去秦国控制的武关谈判，楚怀王竟然真的去了，结果就是"肉包子打狗——有去无回"，被秦国长期软禁在秦国，最后死在秦国。

看起来，楚国人在外交谋略上也是南蛮风范，就是一根筋，总体来说比较实诚，谈不上是君子，但真小人是可以的，至少不是伪君子，因此经常吃亏上当。楚怀王被骗到武关并被软禁这件事情，秦国确实是不讲道义，在楚国人民心中点燃了长久的怒火，那句"楚虽三户，亡秦必楚"的名言就是在楚怀王死之后，楚国大夫为了发泄心中的愤怒而说的。后来秦国当真是被楚国遗民给灭的，攻入秦朝首都咸阳的刘邦和屠杀秦始皇家族的项羽都是出生于楚国，项羽更是楚国大将项燕的后裔。虽然他们跟楚国三大家族没有直接关系，但确实是楚人把秦国给灭了。

楚国的事儿就简单说完了，最后说战国七雄里边真正的主角——秦国。

秦国的历史在春秋以前的故事前边讲过，它就是周王一个养马官员的采邑，因为犬戎入侵西周东迁，秦人留在当地驱逐犬戎，周王就把整个关中平原分封给秦国。一些老牌封国在开国的时候，周王都会塞给它们一堆贵族担任卿大夫，有些关键职位还是周王直接任命的。晋国的贵族家族有些就是开国的时候跟着晋国的国君一起过来的，有一些连官位都是周王给定的，晋国国君无权任免。所以它天生就是贵族政治而非君主专制。秦国就没有这个历史负担，分封的时候国君自己就是个子爵，下面不存在其他贵族，它的地盘也都是自己打出来的，天生就没有什么世卿世禄的卿大夫家族来分权。后来国家大了，也学习其他诸侯国搞了分封，形成贵族阶层，不过这种后天形成的贵族根基比较浅，国君的权力一直相当稳固，统治阶层也非常重视按照军功来论功行赏，这是它跟其他诸侯国差异最大的地方，也是它在战国争霸中能笑到最后的根本。

受犬戎入侵的破坏，关中地区文明程度一落千丈，等到秦国收复关中，那基本上就是一片荒野，百姓死伤殆尽、土地大量废弃，从零开始建设。整个春秋时期，秦国都比较落后，跟楚国一样，被中原各国视为蛮夷之国。到了战国初期，发生了一件扭转秦国国运的大事，就是在魏国流亡30年的秦国公子嬴连回国夺取了君主的宝座，这就是秦献公。

秦献公的父亲秦灵公死后，秦国内部发生政变，秦灵公的叔叔夺了权，这是秦简公。秦灵公的合法继承人——公子连为了保命，就跑到魏国。秦简公允许官吏、百姓带剑，打破了只有贵族才能带剑的特权，又开始对土地按照面积来征收粮食税赋，改革了井田制，这些都是削弱贵族特权强化君主集权的改革。秦简公当了十年国君去世了。他的儿子继位，是秦惠公。秦惠公当政13年，比较保守不思进取，没有啥突出政绩。这段时间正好赶上魏国李悝、吴起变法，吴起带兵进攻秦国夺取了河西之地和函谷关，彻底封杀了秦国往中原发展的道路，把秦国打成一个西方的边陲小国，这是秦惠公当政最大的失败。

秦惠公死了之后，他的儿子秦出公继位。秦出公只有两岁，就由他的母亲实际执政。这是中国历史上第一次有明确记载的太后当政。这件事看起来很普通，因为后来中国历史上出现过无数次太后当政，今天的读者早就见怪不怪了。但在当时可一点都不普通，因为太后的权力来自君主的权力，只有在世袭君主的权力非常稳固的情况下，才会有太后当政的情况出现。之前西周和春秋各国都是贵族政治，政权把持在贵族家族手中，君主的权力大小完全看君主本人的才能和魄力，只有铁腕的成年君主才能真正掌权。一个两岁小孩继位，在各大家族眼里那就相当于没有国君，根本就不会理会太后说什么，朝廷的大小事务几个家族自己商量着就定了。秦国居然搞出来太后当政，这也是国内贵族势力弱小、专制君主权力稳固的一个表现。

秦国的大臣对太后当政这种事情很不满，特别是秦惠公当政13年丢了河西之地和函谷关，已经有亡国危机了，大家都觉得执政方针路线问题很大，现在又来一个太后当政，秦国再这么胡搞下去不是很快就要完蛋了？要挽救国家危亡，就必须终止这个局面。大臣们想起来逃亡魏国的公子连。他不仅是秦灵公的合法继承人，还在魏国流亡了二三十年。这个时候正是魏国最强盛的时代，李悝、吴起变法威震天下，各国都要向魏国学习。走魏国的变法路线是秦国有识之士的一个共识。大臣们经过跟公子连的密切沟通，双方达成一致，迎接公子连回国。

公子连刚一踏上秦国的国土，太后派出的军队就准备逮捕他。但深居宫中的太后根本不知道，这些都在大臣们的计划之中。负责逮捕公子连的军队刚出首都，就成了迎接护送新君登基的卫队。公子连带着他的新卫队返回首都，杀掉太后和秦出公，登基当上了国君。

秦献公在魏国流亡20多年，深入认真地学习了李悝、吴起变法那一套，回国以后就开始大刀阔斧地搞改革。

他登基以后做的第一个重要决策，是废除人殉。这也可以看出来秦国当时落后到什么程度，中原各国大概在春秋中期就已经纷纷废除这个野蛮制度了。孔子还说："始作俑者，其无后乎"，就是骂那些在人殉制度被废除以后，还制作假人陶俑来陪葬的贵族是坏蛋，对人殉这种没有人性的制度念念不忘，虽然不能杀活人了也还要做点陶俑来满足自己对人殉的渴望。秦国国君是商朝将领恶来的后裔，算是东夷血统，继承了商朝的殉葬习俗。秦国人殉风气，持续时间很长，上至秦君与诸多公室子弟，下至寻常贵族士大夫，都有人殉入殓的传统。特别是春秋时期的秦穆公死后，竟然拉了177人陪葬，吓得士人百年不敢入秦，都怕去了之后就给殉了，人才出现严重断档。秦献公这次改革，算是跟上了中原文明进步的步伐。

接下来，他又宣布把一些边境地区改为县，由国君直接委派官员管理。

秦献公这个改革，是封建制向郡县制推进的关键一环。这个事儿不是从秦献公开始的，但他是最早开始大规模推动郡县制改革的君主。

历史发展一再告诉我们，很多颠覆性的改革往往都是从边缘地区或者边缘阶层中开始的。在资源富集的中心地区，往往会形成比较牢固的利益格局，不容易动，得先从边缘部分开始出现一些颠覆性的创新，然后逐步扩大向中心渗透，最后引发根本性的变革。郡县制也是这么一个过程。

开发比较好的中心区域，早就被封建贵族占得差不多了，布满了各种封地采邑，这些地方国君也不好插手。春秋战国时期各国混战，大诸侯国不停地向周边地区扩张。在边境地区，新扩展的国土没有封建贵族势力，国君就比较容易插手。边境地区多战乱，要不然就是土地荒芜、人烟稀少，贵族们也没有很大的动力去抢地盘。国君就会直接委派官员进行垂直管理。一般来说，比较小的地方，就设立县，行政长官就叫县令。在靠近蛮夷的边境地区，地盘很大而往往人口很少，就设置郡，行政长官就叫郡守。魏国派吴起攻占秦国河西之地以后，设立河西郡，这就是一个以军事征服为主、行政管理为辅的军政合一的治理机构。

一开始，郡和县是平级单位，郡的地盘大、土地荒凉、人口稀少，县的地盘小、人口较多、开发程度也要高一些。郡一般在蛮荒之地，赵国征服了大量匈奴控制的蒙古高原地区，就设置了九原郡。郡守既有行政管理的责任，也有对蛮夷进行镇压抵御的军事责任，所以叫守。县由于地方较小，长官主要就是负责行政管理，县的长官就是令。不过后来，郡的开发越来越成熟，人口也不断增加，一个层级的政府就管理不过来了，于是就在郡下面又设县。县就逐渐变成比郡要低一级的行政管理单位。慢慢地就形成了中央—郡—县的三级管理体制，这就是郡县制的起源了。

郡县刚开始都出现在新征服的边境地区，后来随着君主权力的加强，就不断地把一些贵族的封地给改成郡县来加以统治。到了战国后期，除了楚国以外的各大强国内部都已经完成郡县制改革，从封建制为主的国家变成郡县制为主的国家，实现了内部的"小一统"，为秦国统一六国建立"大一统"帝国奠定了基础。

秦献公在边境地区大量设县，就是战国郡县制改革的先声，是加强君主集权的一个重要举措。他又对农民进行户籍化管理，用来替代以前农民依附于封建贵族的体制。后来，他又开征商业税。之前抢了他继承权的秦简公是开征农业税，直接对土地征税，他是征商业税，两个加起来，形成政府直接对国家主要经济活动征税的体制。以前这些活动都是贵族控制的，贵族拿了钱再来替国君办事儿，而不是从政府领工资。国君花钱只能从国君自己直属的封地里拿，国君也就相当于是个大号贵族而已。如果拿家庭来做比喻，分封制下国君和贵族直接更像是大哥和兄弟的关系，不像是主人和仆人的关系。国家也就是个"散装"国家。国君理论上应该对整个国家负责，但他又不掌握需要负责的权力资源，这是最大的问题。郡县制改革，以及政府直接对土地和商业活动征税的改革，本质上就是要取消贵族，让国君掌握能对国家负总责的资源和权力，把中央朝廷变成一个真正的政府，而不是贵族议事机构。总的来说，都是在努力把秦国的社会治理能力现代化，从封建制向帝国制转型。

通过秦献公的变法，秦国已经初步具备一个帝国制国家的雏形。他改革的意义，其实不比后来的商鞅变法意义小。商鞅变法主要就是在秦献公的基础上再深入再加强而已。我们之前说魏国是向各国输送变法人才，秦献公就是魏国向秦国输送的最大人才，比商鞅还早、还重要。

等到秦献公去世，他的儿子秦孝公继位，正好就赶上魏国公叔痤去世，商鞅在魏国不受待见，跑到秦国来寻找出路，跟秦孝公面谈之后得到秦孝公的赏识，秦孝公就任用他开始变法。

商鞅变法的内容，前边说过，关键还是法家的"三板斧"：制定法律、奖励耕战、废除世卿世禄制。主要就这三条，商鞅去秦国的时候带上了李悝制定的全套《法经》，相当于把魏国的法律体系给带过去了，稍加改动用到秦国，制定了秦律。执法起来也是不避亲贵，说白了就是冲着贵族去的，平民反而好管。有一次太子犯法，按照秦律应该在脸上刺字。在君主专制体制下，国君是高于法律的，法律的权威来自国君的统治权，除了国君以外，其他人在法律面前一律平等。现代国家的所谓法治主要就是把国君换成宪法，让宪法成为最高法，也还是法律面前人人平等，法律背后就不一定了。所以现代欧美代议制国家，国会议员的权势很大，因为他们可以在法律背后做文章，通过制定法案来为统治阶级、利益集团服务。国君作为终极立法者，当然享有法外特权。太子不是国君，不是国家的终极立法者，不能享有豁免权，但他是储备国君，还是必须要有点特殊待遇，不能让未来的国君脸上刺字，于是商鞅就把负责辅佐太子的官员给刺字了，而且这个官员还是公族的公子，秦孝公也支持他这么做。太子和公子都这样，其他贵族就更不用说了。这样一搞起来，国君的权威和法律的权威就都得到加强。

奖励耕战和废除世卿世禄制是一体的。商鞅搞了一个十八级爵位制度，爵位就是可以不干活长期领工资和享有封地，这是贵族的特权。这十八级爵位制度的特殊之处就是非军功不授爵，没有战功就没有爵位，而且之前的其他爵位一律作废。这是非常彻底的，直接就把卿大夫阶层给改没了。而且这十八级爵位也是不能世袭的，只有本人可以享有，死了就没有了，特殊情况可以申请，只能君主特批一事一议，偶尔有世袭的也传不长。最低一级的爵位叫"公士"，只要在战场上砍掉一个人头就可以得到，入门门槛比较低，拿到之后家里就可以享受每年50石的俸禄、分1.5顷的土地以及一套住宅，后边再升级难度就逐渐提高，但前十六级都是直接跟军功相关的，只要能在战场上不断立功，就可以一直不停地升级。后来秦孝公的儿子称王，又增加了两级，变成二十级，最高的一级叫彻侯。等到秦国统一中国开创大一统帝国，彻侯就成了人臣能够得到的最高爵位，封侯就是一个普通中国军政官员除了造反当皇帝以外的最高人生目标，很多诗词里边像什么"万里觅封侯"之类的，就成了文人墨客表达自己人生理想的句子。

商鞅这些改革措施，跟李悝、吴起的变法没有什么大区别，也没啥突出的创新之处，但他的变法最成功。这三个变法者当中，贡献最大的应该是李悝，这是开先河的人物。能力最强的应该是吴起，走到哪里哪里强，搞政治、军事都是一流的。但名气最大的是商鞅。商鞅在法家思想上是集大成的人物，创新不如李悝、才干不如吴起，但他的平台最好，在秦国而且是战国中期的秦国。秦国的王权一直都很强势，贵族比较弱势，又占着关中平原这么一块沃野千里易守难攻的战略要地，赶上各国变法图强军事争霸的乱世，它出来统一中国，才有了后来商鞅的名声。

吴起变法，支持他的楚怀王死了，他就被旧贵族给杀害了；商鞅变法，结局也不好，秦孝公死了，太子上台，是为秦惠文公，也就是秦惠文王。那个当年代太子被刺字的公子，马上就举报商鞅谋反。商鞅无法辩解，只能逃走。想要跑去魏国，但魏国害怕秦国找麻烦拒绝接受，他只好回到自己的封地，组织一支军队想要去攻打旁边的郑县县城，对抗秦惠文公的军队，当然是以卵击石，被秦军给消灭了，商鞅也死于战场。死了之后，被秦惠文公下令把尸体运到首都五马分尸示众。商鞅谋反这件事情最开始应该是被冤枉的，但在还没有被定罪的时候就逃走然后组织军队去打郑县，那就是坐实了真的谋反。

《战国策》里边说秦孝公死前一度想把国君之位传给商鞅，但被商鞅拒绝了。《战国策》算是正史，但只有这么一句孤零零的话，除此之外再没有其他史料有类似的记录，所以也没人把这句话当回事。本书作者认为这件事情有可能是真的，后来燕国的国君姬哙，就是重用大臣子之搞变法，成效非常好，姬哙又对自己的太子不满意，就下令禅让，把王位禅让给子之，为的就是自己死后能让变法可以继续，让燕国继续强大。这个做法引发太子平的叛乱，结果太子平被杀，齐国军队趁机攻打燕国杀掉了姬哙和子之，差点将燕国灭国。这件事情引发燕昭王忍辱负重20年，训练20万强兵交给乐毅参加五国伐齐，攻克齐国首都临淄，最终导致齐国霸权没落的战国历史大事件。

在战国这个大变革的时代，政治家的国家意识觉醒，一个国君为了让国家保持强大，让自己的政治理想得到继承和实现，把国君之位让给外人是完全可能的。魏国的魏惠王，也曾经多次表态想把王位让给他最信任的大臣惠施。虽然燕王哙的做法证明这条路其实行不通，是错误的，但它至少说明秦孝公有类似的想法是很正常的。尤其是秦孝公只是想这么干，并没有付诸实施，在病危之时有过这样的想法跟商鞅沟通过，这是完全有可能的。商鞅当然不敢接受，但这个事情应该是被外人知道传出来了，甚至秦孝公就是公开表过态的，总之是被太子知道了，还被有关史料记录了下来，这就足以引发太子的恐惧。等到太子登基当了国君，那就必须要杀人灭口。因为这相当于给了商鞅造反的合法性，以商鞅主持变法20年积累起来的威望和权势，尤其是在秦孝公病重的最后一段时间，他就是实际上在行使国君的权力，再加上秦孝公临终前的表态，他要是哪一天想造反确实很危险，因此必须除掉。这应该才是商鞅被杀的根本性原因。

商鞅之死和吴起之死虽然都是变法者在支持变法的国君死后发生的，但意义完全不一样。秦惠文公除掉商鞅，是为了加强君主专制，跟变法的方向是一致的，商鞅死了，世袭君主专制制度反而得到进一步的加强；而吴起是被楚国的贵族联合起来干掉的。商鞅被杀，不是死于变法的反对派，而是死于变法的既得利益者，也就是秦国国君，商鞅变法的效果不仅没有被削弱反而加强了；吴起被杀，是死于变法的反对派，是变法的利益受害者的一次反扑，吴起变法的效果也就被大大地削弱了。

天下一统：秦灭六国与秦王朝的崩溃

商鞅变法之后秦国的故事还有很多，一些具体的战争谋略、宫廷斗争之类的事情就不详细讲了。秦惠文公虽然杀了商鞅，但是继续用商鞅变法的制度治理国家，也还继续大力从国外引进人才来治理秦国，任用著名的纵横家张仪担任宰相。后来秦国又用了魏国人范雎、楚国人李斯等很多外国优秀人才。所以商鞅被处死完全是一起个人事件，没有影响秦国总体治国理政思路。秦国也在加强君主专制和强化军国体制的方向上一路狂奔并持续扩张，最后终于由秦惠文王的玄孙嬴政于共和621年（前221年）并吞六国一统天下。然后就是秦始皇称帝，统一度量衡、车同轨、书同文等。这些事情，为此后2000多年的中国历史奠定了重要的制度基础。这是秦国为中国历史做出的大贡献。

但秦国统一六国以后，只短暂的15年就灭亡了。这也是非常值得反思的事情。

秦国在统一六国之前，存在了500多年，是一个有着悠久历史的大国，这500多年经过了无数惊涛骇浪，要一边抵抗蛮夷一边参与春秋战国争霸，内部还有激烈的政治斗争，这么多年都挺过来了，它的统治集团和治理体系必然是久经考验和高度成熟的。但消灭六国以后，在外无强敌的情况下，只有15年就彻底灭亡了，不仅丢掉了六国的土地，关中本土也没了。这难道不是一件匪夷所思的事情吗？商灭夏、周灭商之后都很稳定地存在了数百年。之前从来没有出现过这种事情。

所以说，秦灭六国对秦国来说也不是什么伟大的胜利，反而成了它灭亡的噩兆。如果秦国不灭六国，继续跟六国斗得你来我往，安心当一个霸主，几乎可以肯定它不会那么快灭亡，说不定还能再战100年。

战国七雄争霸，没有一个国家是最终胜利者，七雄最后是同归于尽的，秦国也未能幸存。15年的时间太短了，没法单独算成一个历史时期，它就是春秋战国混战的一个尾声。

秦朝的灭亡原因，本书作者曾做过一个结论，就是亡于暴政。

这个暴政，是真正的暴政，是对底层人民的暴虐，不是对贵族上层的暴虐，也不是对儒家知识分子的暴虐。后来明朝开国皇帝朱元璋也被很多文人骂成是暴君，但他的"暴"主要就是对贪官污吏的残暴无情，那就不算是真的暴政，对老百姓其实是良政、善政。

秦的这个暴政是直接针对底层老百姓的，主要通过超大规模的服兵役和劳役来压榨中国人民。六国贵族既得利益当然也受到很大损失，毕竟当不成贵族了，但秦国也没斩尽杀绝让他们活不下去，甚至连他们的土地、财富都没有没收。他们只是有很大的怨气，但不想造反。秦朝统一之后并没有马上发生六国贵族造反的事情。

真正造反的是社会底层。最有名的是陈胜、吴广起义，但早在陈胜、吴广之前，底层人民对秦朝暴政的各种反抗就已经广泛存在了。最后推翻秦朝建立汉朝的刘邦，他反抗政府的时间比陈胜、吴广要早。他本来在江苏沛县担任亭长，相当于现在的村长或者乡长，负责带人去骊山给秦始皇修皇陵。这些去骊山服劳役的人一路不断逃亡，刘邦一看，到了骊山肯定交不了差，自己也不能回沛县，干脆就带着剩下的人占山为王去了。等到陈胜、吴广起义的时候，刘邦手下已经有几百人的规模，这才杀回沛县干掉县令正式举旗反秦。

秦末农民起义还有一员名将叫英布，他是已经到骊山服劳役，也是给秦始皇修陵墓，因为无法忍受，带着一群人逃跑了。逃跑之后家乡也回不去，只能沦为强盗。这也发生在陈胜、吴广之前。

陈胜、吴广不是带人去骊山服劳役，是去北方的长城沿线服兵役，因为遇到大雨迟到，害怕因此被处死，才被迫半路起义的。

陈胜、吴广造反的时候说"天下苦秦久矣"，苦的就是无休止的大规模兵役和劳役。

刘邦占山为王、英布率众逃亡，都是底层人民无法忍受秦朝的暴政而被迫反抗的一种形式。正是因为底层人民的反抗早就成为一种普遍现象，陈胜、吴广起义才能一呼百应。他们造反的消息刚刚传出来，就有无数像刘邦、英布这种被逼着占山为王、落草为寇的"盗贼"群体下山攻打县城杀死秦朝官吏，让整个秦帝国迅速陷入底层革命的汪洋大海，根本镇压不过来。那些心怀不满的六国贵族也是纷纷趁火打劫，但主要也就是起到一个辅助性的作用。秦朝本质上亡于暴政，亡于底层人民革命，这一点没有什么问题①。

为什么秦朝会亡于暴政？

说抽象一点，就是秦始皇为首的秦朝统治阶层还不懂得如何运用皇帝制度来管理整个中国。

秦始皇这个人，2000年来对他的评价两极对立很严重，夸他的人说他是千古一帝，开创大一统的伟大帝王，跟刘邦、刘彻、李世民、朱元璋并列甚至更

---

① 1975年，在湖北省的孝感地区云梦县睡虎地境内，出土了一批秦代竹简，其中包括一些秦国律法文献。在出土的秦简中，有一段对失期的处罚条例，可以看到这样一句话："御中發徵，乏弗行，貲二甲。失期三日到五日，誶；六日到旬，貲一盾；過旬，貲一甲。水雨，除興"（睡虎地秦墓竹简《秦律·徭律》）。它的意思是："如果被朝廷征召不去服劳役的，罚款的价值为两副铠甲，如果延期三到五天的，就要罚款一副盾牌的钱，如果延期六天，那就是一副铠甲，如果是因为暴雨天，可以不罚。"这样看来，秦律对违反劳役制度的处罚力度并不算很重。司马迁《史记》中陈胜、吴广"失期当斩"的记录与秦律并不相符。有人据此认为，陈胜、吴广在说谎，在通过制造恐慌来煽动叛乱。然而，在秦的君主专制体制下，基于当时绝大多数人都是文盲、法律只能刻在竹简上仅有少量刻本可供阅读这样的因素，我们不能指望基层官吏会严格按照竹简上的规定执法，他们对竹简上写了什么可能也不甚清楚。至于陈胜、吴广这样的底层人民，就更不可能有机会看到竹简秦律。官员们为了完成皇帝的工程，层层加码将处罚力度大幅度提高是很正常的。即使因为服劳役迟到就被判处死刑，陈胜、吴广也几乎不可能还有上诉翻案的机会。至于遇到大雨可以减免处罚之类的规定，如何执行完全可以由基层掌握，因为有没有遇到大雨完全无法保留可查证的证据。所以，竹简上的秦律写了什么是一回事，底层人民对秦政府实践执法的感知又是另外一回事。陈胜、吴广完全有可能真的相信服劳役迟到的后果就是死亡，而且这也确实可能就是当时的现实。竹简上的秦律并不能必然推导出陈胜、吴广在说谎。我们今天可以确信的事实，就是秦末确实在极短时间内就爆发了许许多多的底层暴动。这种局面的出现，背后只可能是普遍的暴政所导致的，而绝不可能是少数阴谋家凭空就能煽动出来的。

厉害；骂他的人说他是千古暴君，跟商纣王一样的那种。其实两边说的都对，秦始皇既是一个开创大一统的英雄人物，又是一个导致大一统王朝毁灭的暴君。跟赵武灵王一样，前半截是武王，有开疆拓土的丰功伟绩；后半截是灵王，脑子有病，犯糊涂，自取灭亡。

对秦始皇的历史功绩要肯定，但不能抬得太高。

首先，中国两千年的帝国制度、郡县制度不是秦始皇开创的。皇帝制度和郡县制是配套的，分封制下就不可能有专制君主、实权皇帝。而专制君主制度、郡县制都是在战国中后期就已经在全中国大规模推广了。秦始皇统一之前，除了楚国，韩、赵、魏、齐、燕五国都是专制君主制，国家治理模式都是以郡县制为主的，不是封建制。楚国的贵族残余比较严重，可以算是半封建半专制国家，也不是完全的分封制封建制国家。通过战国中前期的大规模变法改革，各国内部已经实现了"小一统"，世卿世禄制都被废除得七七八八了，偶尔有点"尾巴"也不影响国家政治大局，大国都以郡县制为主，国家内部也都统一货币、统一度量衡、统一文字了。除了楚国以外，剩余六国无论谁出来统一中国，都必然是全面推行郡县制。推行郡县制，那就必然配套着要统一度量衡、统一文字、统一法令等。这些措施都不是秦始皇带着李斯等人开拓创新想出来的，是早就有的。就算是西周那种分封制的统一，在贵族阶级内部，也是全国统一的礼法和文字。春秋战国时代，孔子、孟子等很多人周游列国，还有范蠡、弦高这样的大商人在各国之间做生意，也没有因为语言文字不通就没法跨国旅游和贸易的问题，那个时候上层社会有统一的"雅言"①，彼此直接沟通都是可以的。政治统一必然带来文字和治理模式的统一，秦始皇不是第一个这么干的，至少我们知道周武王和周公已经干过一次了，秦始皇只是在这个基础上搞了个"加强版"，在周公的基础上又

---

① 春秋战国时期的"雅言"来自周王朝上层贵族所使用的语言。语言学家王力认为，其实"雅言"就是"夏言"。朱自清也认为："当时（春秋时候）言语，方言之外有'雅言'，'雅言'就是'夏言'，是当时的京话或官话。孔子讲学似乎就用雅言，不用鲁语。"何九盈干脆认为"'夏言'就是河洛方言"，"它的基础应该包括与戎狄相对的整个夏族地区"。古代"雅"与"夏"常常因为音近而互为假借，二者是通用的。也有学者认为"夏言"是周人伪托夏朝所起的名字，本质还是"周言"。无论如何，春秋战国时期，各国上层精英已拥有通用的语言文字。诸侯之间的聘问、诸子百家的著述都采用一个大体一致的标准语言。

进了一步。

所以秦始皇个人的功劳，实打实的东西，就只是一个指挥秦军统一了中国。至于发明了皇帝这个称号被用了2000多年，这也算贡献，但是属于务虚的贡献，不算数。有实际进步意义的就是一个统一。

秦始皇的统一，也不是他自己白手起家奋斗创造的，而是继承了秦国立国500多年的基业。关中平原的基业是祖先打下来的，巴蜀地区沃野千里的地盘是秦惠文王打下来的，郡县制是秦献公推行的，军功爵位制是秦孝公和商鞅建立的。秦始皇继位的时候，距离商鞅变法已经过去了100年，距离五国伐齐之战已经过去近40年，距离秦军攻占楚国的首都已经过去了30年，距离秦军在长平之战歼灭赵国40万大军已经过去了13年。

这么好的基础统一中国，并不需要多强的能力。这个时候秦国并吞六国的大势已经是势不可当，他只是水到渠成地完成了他正常发挥就能完成的历史使命而已。论军事、政治水平，不能拿秦始皇跟刘邦、李世民、朱元璋比，完全没法比，不在一个量级上。他个人在中国统一所贡献的力量，其实是比较小的，主要就是个下山摘果实的人物，跟周武王比较类似，但周武王没有乱来把周王朝搞垮，所以他也比不上周武王。

秦始皇在统一六国以后干的事情，让一个立国500多年的政权和一个超级强大的大一统帝国在短短十多年的时间就走向崩溃，这才是他非常独特的历史"贡献"。这并不是秦国内部早已危机四伏、没法力挽狂澜的问题，而是一个由他而起、需要他负最重要责任的事情。

秦始皇在统一中国、全面推行郡县制、统一度量衡和货币，把这些周武王和周公800年前就差不多干过的常规动作完成以后，就开始"即兴发挥"了。先给自己找了个皇帝的伟大称号，然后废除传统的谥号制度，臣下连在皇帝死后进行评价的权利都不能有，只能按照始皇帝、二世、三世这样一代一代叫下去，搞绝对皇权。然后就是疯狂动员兵役继续往四面八方扩张，同时修建长城、宫城，给自己修建超级陵墓和用于享乐的阿房宫等，中华大地上遍地都是被迫远离父母妻儿前往上千里以外服兵役和劳役生死未卜的青壮年男子，无数人因为过度劳累死于各种建设工地，在一个又一个村庄留下绝望无助的孤儿寡母。这是中国历史上规模空前的暴政。历史上广为流传的"孟姜女哭长城"的故事就反映了民间对这场历史悲剧的真正感受。

在用严刑峻法役使底层老百姓的同时，他又采用"焚书坑儒、以法为教、以吏为师"的方法来对待知识分子阶层。

这件事情的开头，是因为儒家学者支持宗法分封制，丞相李斯反对，秦始皇当然支持李斯，否决了儒家学者的意见。但否决就否决，儒家学者也就只是提个建议，秦始皇和李斯却认为这种跟君主专制和法家思想不一致的想法连想都不能想，必须从根儿上加以断绝，干脆把跟秦国官方意识形态不一致的书全部给毁了。六国官方的书全部烧掉，诸子百家的书也要烧，民间藏书也必须烧，不然抓住就是杀头治罪，地方官员还要承担连带责任。这就制造了一场思想文化浩劫，把中华上古文明的许多宝贵资料给毁灭了。这是对中华文明的严重犯罪。

书烧完之后，老百姓要想学习知识怎么办？不准读古书也不准讨论古书上的内容，那都是杀头之罪。只能是"以法为教"，也就是学习帝国的法律，以法律学习取代所有的思想文化教育，除了学习法令以外其他文字都不准看，法律就是唯一的知识，这还不是学法学法理，是学习不容置疑的法律条文，没有任何个人思考探讨的余地；而且学习的方式只能是"以吏为师"，还不能自己研究学习，只能由政府官员主持，由政府官员来上课教学当老师，掌握对法令的唯一解释权。

至于"坑儒"这件事，到底坑杀了什么人现在说不清楚，也许里边有很多骗子术士或者煽动颠覆政府的叛乱分子，不一定是以异端思想杀人，我们就不去评价它。但"焚书"加"以法为教，以吏为师"是非常极端的思想文化专制，肯定是错误的。它并不是秦始皇一时兴起，也不是某个儒生说错话得罪了秦始皇，它的思想源头是《韩非子》。

秦始皇是忠实的法家信徒，尤其喜欢读《韩非子》。他利用自己的权力来把韩非子的思想变成现实。韩非子所代表的法家思想不仅是反儒家，而是反对一切知识文化的传播。高级官员、贵族精英有特权，还可以继续研究政治思想和讨论政治问题，底层老百姓读不起书，受害最大的是中产阶级读书人，也就是中小地主和商人这个层次。他们有钱、有时间读书学习，并不想识字之后就只能背法条。这就把大多数民间知识分子推到政权的对立面。底层造反一旦有了知识分子阶层的积极支持和参与，它的威力马上就会被放大很多倍，这也是秦朝被快速推翻的重要原因。刘邦反秦的旗号一打起来，一群儒生就赶紧去投奔他，这里边是有一些保守的腐儒，但不乏聪明才智之士。西汉著名的开国功臣陈平，就是一个民间书生，一听说陈胜、吴广起义马上就收拾东西赶去投奔。还有项羽的谋士范增，70多岁了，项羽的军队路过他家乡，他就赶紧去投奔，临死也要把最后的精力贡献到反秦事业上，对秦真的是切齿痛恨不共戴天的。这跟姜子牙70多岁了也要投身灭商的斗争是一样的。陈平和范增都不是六国贵族后裔也不是苦于劳役、兵役的农民，是比较无忧无虑的中产阶级知识分子，他们如此坚定激烈地反秦，跟"以法为教，以吏为师"的政策有密切联系。秦朝实际上是底层人民、六国贵族后裔和中产知识分子联合推翻的，秦始皇的政策基本上是把除了政府官员和军事将领以外的所有阶层都得罪了。

所以说，秦朝亡于暴政，亡于秦始皇的暴政。这跟秦始皇死了以后谁来继承他的位置倒是关系不那么大。秦二世只是秦始皇政策的忠实继承者，如果换成秦始皇的大儿子扶苏继位，假设他能够扭转一下这些极端的暴政，那么秦朝还可能挽救。但从秦朝统一六国的发展轨迹来看，要想扭转也很难。这也不全是秦始皇和秦二世的个人认识错误，秦朝整个统治精英基层都是法家思想的狂热信徒，他们通过大力践行法家思想获得统一中国的巨大胜利，不大可能不继续沿着法家思想指引的道路一条道走到黑，只有一场翻天覆地的大革命才可能扭转这个局面。

秦国能够消灭其他六国，首先是世卿世禄制改革比较彻底，通过军功爵位制为平民阶层打开上升渠道，实现了统治阶级内部的"大换血"，还通过完善法律制度、郡县制度、户籍制度、税收制度、废除井田制等建立了一套现代化的国家治理框架，这是它成功的根本，是积极的方面，也有坏的、不那么积极的方面。这个不好的方面就是把整个国家军事化，走上军国主义的道路。

战国时期的变法中，商鞅变法是公认最"彻底"的。秦国国君的专制权力最强，公族的势力最弱，军功体制对封建贵族的压制力也最强，郡县制的普及程度最高。但"彻底"和"极端"之间，界限其实十分模糊。

法家的严刑峻法治国思路和军国主义制度是一体两面的关系。我们在前面反复讲，法家主张的加强君主权威来源于战争需求，法家主张的军功爵位制度反映了战争中涌现出来的军功阶层的利益诉求。法家思想和战争是密切捆绑在一起密不可分的，它的优点好处来源于此，缺点和坏处也来源于此。好处是公平。战争是世界上最公平的事情之一，生死胜负一目了然，可以迅速选拔出一批精明强干的优秀人才。它的坏处就是过于残酷，不可持续，筛选人才的成本太高了，不能天天不停地打仗来搞优胜劣汰。法家思想最大的问题就是容易走向极端化，鼓吹极端的君主专制和思想文化专制，让整个国家的所有资源包括人民的财富、生命和思想头脑都去为战争服务，法家思想极端化的结果就是疯狂扩张的军国主义。

秦国通过商鞅变法，打击了旧贵族、提拔了新阶层、完善了国家治理，但同时开始不可逆转地走上对外扩张的军国主义道路。商鞅变法让秦国整个国家都变成一部战争机器，所有的秦国人除了为对外战争服务其他啥事都别干了。

首先是奖励军功。在打破贵族世袭特权的同时，也让参与战争成了秦国人出人头地的几乎唯一途径。普通秦国人要想改变家族命运提高阶级地位，那就只能去战场上拼命，基本没有其他渠道。无数野心勃勃的人物需要通过战争来获得土地和官位。战功爵位奖赏消耗最多的就是土地。土地从哪里来？刚开始靠改革井田制，把公田转成私田还有一些存量可以用。公田分完了，剩下的就只能从新占领的国土里边来。军功刺激扩张，扩张奖励军功，形成一个无法停止的循环。

为了服务战争，又搞重农抑商，严格控制商业发展，因为商业可以致富但并不利于战争。战争需要消耗大量的粮食和人口，商业并不会促进粮食增产和人口增加，商业会让老百姓去种植更多有利可图的经济作物，去参与生产更高档的纺织品等高端消费品牟利。但战争不需要经济作物和中高端消费品，战争只需要维持战斗人员生存的粮食，还有就是必要的武器装备。武器装备通过国有化的城市手工业来按照计划制造，也无须民间商业活动支持。通过重农抑商，强行遏制秦国的产业结构升级和人民生活水平提高，劣化经济结构以确保所有资源都被用于为战争提供基础物资。《韩非子·五蠹》中把商人跟游侠、儒生一起列为五种危害社会之人，也是从不利于农业生产的角度来讲的。

户籍管理也是越搞越严，一人犯罪十家连坐再配合上犯点小事就杀头的严刑峻法，把政府的社会管控能力推到极限。这样一来，国家的军事动员能力确实得到极大提升，基本没有青壮年能逃避兵役，但为专制君主无节制地提高兵役和劳役数量埋下了隐患。

所有的这些制度安排加在一起，就让整个国家只能在不断进行军事扩张的道路上停不下来，越搞越极端。

这种做法在统一六国以前是可以的，一直打胜仗就一直有新的土地和新的财富可以用来奖励军功，秦国老百姓再苦总有个盼头。

等到六国统一了，没有新的好地盘可以扩张了。往北就是游牧民族的地盘没法种地，往南进入烟瘴之地，以当时的技术手段开垦大量耕地也很困难。还继续延续甚至加强这种军国主义体制，那就不可持续了。以前六国都是开发成熟的文明区域，一场胜仗就能得到好多成熟的土地和其他现成的财富包括人口。文明区域征服完成，还在疯狂地征兵往北边的草原荒漠和南边的森林沼泽里投入，距离更遥远、条件更艰苦，却无法创造足够的军功奖励，底层士兵以及他们的家属必然是怨气冲天。军事动员之外，还要利用军国体制搞大规模劳役，修建长城、修帝王陵墓和宫殿，那就是纯粹地只消耗不产出，老百姓只承担痛苦和负担，不能得到任何回报，不像之前打仗立功了还有土地分，劳役就纯粹累死累活啥都没有。简单来说就是以前的国家管控和动员机制为战争服务，战争有回报有盼头，才可以持续；现在战争没有回报没有盼头，还在继续强化原来的管控和动员机制，那就必然是不可持续的。

对秦国而言，在大一统之前，七雄之间是生死博弈，要么胜利要么灭亡，没有中间道路可以选择，极端的军国主义是战国博弈的最优选择。大一统之后，最优的国家治理模式就变了，正确的做法是在统一六国以后赶紧转型，推动原来的扩张型军国主义体制向非战时体制转型：降低征兵比例，不要搞大规模劳役，放松思想文化管控，让经过数百年战乱的国家的人民休养生息一段时间。

但是，秦始皇和李斯不这么看，反而认为应该进一步加强。整个统治精英集团都是依靠军事扩张获得的权势地位，要说服他们停止扩张那是很难的，也基本不可能。

可以说，秦国是成也商鞅体制、败也商鞅体制。所谓时也、势也，同一套制度在不同的条件下产生的效果完全相反。战乱之时，靠商鞅体制可以雄霸天下一统中国。统一之后，再靠商鞅体制，就会土崩瓦解、一朝灭亡。秦国这个完美的战争机器在国家统一以后迅速走向崩溃，也就在情理之中。

对秦国统一六国这套体制，或者说商鞅体制，不可吹得过高，也不可彻底否定，关键是要辩证地看，它在不同时期的作用是不一样的。统一之前以正面的、积极的、建设性的作用为主；统一之后就是负面的、破坏性的作用为主了。后来儒家一直将秦国称之为"暴秦"，将秦始皇称之为"暴君"，是有道理的，不仅仅是对焚书坑儒的愤怒，秦国和秦始皇的"暴"是对全民的暴，从地主、富商到底层百姓全都深受其害，在这个问题上，儒家的说法具有比较广泛的代表性。

甚至像君主专制和郡县制，在春秋战国时代，也不是越强化越好。不是说分封制就一无是处全是历史糟粕。君主专制不加以节制，很容易走向暴君政治，秦始皇就是代表。在没办法搞人民民主的古代社会，适度的贵族政治可以起到约束暴君政治的效果。郡县制在交通通信条件较好的地方推行效果好，但郡县制必然会导致官僚政治。在信息通信非常低效的古代社会，地方官僚作为代理人很容易发现：机械完成上面的政令，同时搞欺下瞒上最有利于自己的利益最大化。官员很容易迅速腐化并且追求短期收益，不顾本地老百姓的死活。在边远地区保留一定程度的分封制，让统治者的利益跟地方利益有更长期的捆绑，同时给予更大的授权，反而更有利于国家的整体稳定和边远地区的长治久安。这些都要结合不同地区不同时代的经济地理人文特征辩证地看，搞不好就是"过犹不及、矫枉过正"。

刘邦建立汉朝以后，好多做法就改了，还是以郡县制为主，但局部地恢复了分封制，把刘家子孙分封到全国各地当藩王，还掌握兵权和铸币的权力，以保证随时应对地方叛乱。过了几代人之后，分封的刘家子孙叛乱了，中央政府费了好大劲才给镇压下去，于是又压缩了一些地方藩王的权限，但没有完全取消分封制。

从治国理念来讲，商鞅变法之后的秦国是纯用法家思想治国，统一了中国；

秦始皇把法家思想用到极致，结果秦帝国15年就灰飞烟灭了；汉朝初年刘邦继承了秦朝的法律制度，也继承了郡县制，也就是所谓的"汉承秦制"。但实际情况是继承了又没有完全继承，在很多地方进行了巨大的修正。其中一个巨大的改变是放开了思想文化管制，放弃"以法为教，以吏为师"，继续搞"百家争鸣，百花齐放"，让汉朝成为一个思想文化高度自由、开放、繁荣的古代王朝。整个汉朝都是这样。所谓汉武帝"废黜百家，独尊儒术"是儒家学者吹出来的，不是历史事实，汉朝政府没有废黜过任何一家学术思想，诸子百家的书随便读、随便讲、随便出，官方和民间学者都可以自由学习研究，最多只是官方学校的教材以儒学为主、老师多用儒生而已。中国古代历史上思想文化最自由的两个大一统王朝，就是汉朝和明朝。

当然，虽然没有废黜百家，但儒学地位的上升是不争的事实，它代表了社会中产以上阶层制约皇权的呼声。在法家的世界里，君权是至高无上不接受任何制约的，也不用讲任何道理；但在儒家的世界里，包括君主在内的一切阶层都有自己的权利义务，皇权的行使必须符合天道，而天道的解释权则掌握在儒家学者手里。天道的关键是两条，第一条是仁和民本，也就是皇权必须仁慈而且以民生为本，暴君的统治不可接受，这是儒家思想里最好的东西；第二条就是不同等级分别有不同的权力和责任。儒家主张尽可能地恢复封建等级制，认为西周的宗法制度最完美。到了汉朝，儒家学者也知道分封制回不去了，君主专制体制优势明显，大一统就更不应该反对，依法治国和官僚治国的体制代表了历史前进的方向，但在官僚体制之外，社会关系应该按照封建礼法来进行规范：儿子要服从父亲、妻子要服从丈夫、弟子要服从老师，人的行为需要用宗法道德来加以约束。即使在官僚体系内部，也不能完全靠监督和刑法来解决一切问题，官僚集团自身的道德修养也很重要。这是对法律制度和官僚体制的有益补充。因为社会运行极为复杂，法家以为光靠制定好法律就能让社会稳定运行的想法是不切实际的，有无数的细节是立法者不能顾及的，只能靠道德规范来调整和约束。儒家的这个看法也是正确的。总的来说，儒家的思想比法家要站位更高、看得更加深远，而且更符合人性。以儒家伦理道德为指导、以官僚体系和法律制度为工具，才能更好地治理大一统帝国，成为统治阶层的共识。

正因如此，中国在帝制时代最强大最繁荣的汉、唐、明三代，其体制并不是简单的"秦制"。片面法家化的商鞅体制从秦朝覆灭的那一刻开始，就已经被有选择地扬弃了，它被证明非常不适合用于治理一个大一统帝国。汉、唐、明体制只是部分地继承了商鞅体制，把独尊法家的无限专制君主体制变成儒法并用、以儒为主、百家思想兼容并包的有限专制君主制。

——多年以前，作者看过一些讲《商君书》的文章和视频，里边把《商君书》描写成历代君主秘而不宣的统治宝典。作者介绍了《商君书》中提出的"驭民五术"——弱民、贫民、疲民、辱民、愚民，强调"以奸民治善民"，以此来强化专制君主的统治，并认为这才是中国古代皇帝制度的核心秘密。《商君书》大部分并非商鞅所作，但确实反映了商鞅变法和商鞅体制的主要思想，也就是把老百姓完全军事化组织起来，并压榨到极限，让他们把全部生命和精力都用于从事耕作和参军作战，从而把国家的战争潜力发挥到极致。把《商君书》的思想作为理解中国皇帝制度的核心，过度夸大了商鞅体制的重要性。《商君书》思想的政治地位在汉代以后就已经被儒家思想所取代，不再是中华帝国的主流意识形态，跟其他诸子百家书籍一样，对统治阶层仅有非主流的参考价值，不是什么秘而不宣的统治宝典。

儒家思想在诸多方面与《商君书》尖锐对立，对《商君书》的核心"驭民五术"几乎反对。儒家学者主张积极传播知识文化，反对"愚民"；主张轻徭薄赋，反对过度征税剥夺老百姓"贫民"；主张统治者以仁德来获得人民的尊敬、爱戴，反对"辱民"；主张实行仁政与民休息，反对过度的战争和劳役"疲民"；主张以道德教化为主的基层治理方式，反对以严密的法网"弱民"。

儒家思想强调"中庸之道"，能够比较好地平衡和平时期社会各阶层的利益诉求。它天生就受地主富商和贵族官僚阶层喜欢：对上可以约束君主，对下可以控制人民，而知识分子又全部来自这个阶层。军功阶层在大一统时代地位下降，行政官僚和财富阶层地位上升，这是儒学在大一统时代兴盛并最终压过法家的一大关键。专制君主和军事统帅天生地倾向法家。这两股势力在大一统时代反复斗争，是历史发展的一大主线。至于墨家等其他诸子百家的思想被淡化，则是所代表的利益阶层力量在大一统时代长期式微的结果，并不是被政府强行废黜而消亡的。但儒家的道德规范过于强调宗法等级，也有很多问题，这对整个中华帝国的历史都产生深远的影响。这在本书作者讲中华帝国历史的几本书里边有更深入地探讨，这里就不再多说。

刘邦在带兵攻克秦朝首都咸阳以后，就与当地父老"约法三章"：杀人者死，伤人者刑，及盗抵罪。除了这三条以外的其他秦律全部废除，以简单明了的法令代替秦朝复杂烦琐而又严苛的法网，极大地赢得了民心。建立汉朝后，又大量任用儒生，开始了儒法并用的治国时代。同时他也吸取了秦朝灭亡的教训，统一中原以后没有继续大规模对匈奴用兵，采取称臣与和亲等比较屈辱的方式来换取和平，让经历太多战乱的中国人能够得到喘息。

刘邦的后几代继承人延续了他的政策，并且引入道家思想治国，彻底地"无为而治，休养生息"，儒、法、道并行，让国家恢复了元气。到了汉景帝、汉武帝时期，国家已经具备了武力解决匈奴威胁的实力，又开始逐步放弃道家思想，回到儒法并用的道路上来，尤其汉武帝还任用了桑弘羊来管理经济和财政。桑弘羊是管仲学派的忠实信徒，这就把经济家的思想也大规模地运用到汉帝国的治理实践之中，取得对匈奴战争的巨大成功。汉朝的治理，儒家、法家、道家、经济家的思想都在根据情况混杂着用，也就兼顾到社会各阶层的利益诉求，适应了不同时期的国家战略需求，从而让它成为另一个极为成功的古代王朝。

总之，到了汉朝，中华文明才算是真正"转型成功"，从成熟的分封制转型为成熟的皇帝制。君王、贵族、工匠、商人、地主、农民等诸多阶层中间都涌现出来许许多多的英雄人物，殚精竭虑、奋不顾身、杀身成仁，儒家、法家、道家、经济家、墨家、兵家等诸多思想流派不断涌现并反复实践，才促成这次伟大的转型，让中华文明在接下来的两千年里继续保持着辉煌。

再往后的故事，就跟先秦上古的历史离得太远，不属于本书的讲解范围了。

主要参考书目（不含传世古籍）

范祥雍编：《古本竹书纪年辑校订补》，上海古籍出版社2018年版。

李学勤：《清华大学藏战国竹简（1）》，上海文艺出版集团、中西书局2010年版。

韩建业：《中华文明的起源》，中国社会科学出版社2021年版。

徐旭升：《中国古史的传说时代》，广西师范大学出版社2003年版。

刘莉、陈星灿：《中国考古学：旧石器时代晚期到早期青铜时代》，生活·读书·新知三联书店2017年版。

刘斌、余靖静：《五千年良渚王国》，浙江少年儿童出版社2019年版。

杨宽：《中国上古史导论》，上海人民出版社2016年版。

胡厚宜、胡振宇：《殷商史》，上海人民出版社2003年版。

李学勤主编：《中国古代文明与国家形成研究》，中国社会科学出版社2007年版。

杨宽：《西周史》，上海人民出版社2003年版。

顾德荣、朱顾龙：《春秋史》，上海人民出版社2019年版。

杨宽：《战国史》，上海人民出版社2003年版。

王玉哲：《中华远古史》，上海人民出版社2019年版。

孙庆伟：《鼏宅禹迹：夏代信史的考古学重建》，生活·读书·新知三联书店2018年版。

翟玉忠：《国富策》，中国书籍出版社2018年版。

许宏：《何以中国：公元前2000年的中原图景》，生活·读书·新知三联书店2016年版。

李硕：《翦商：殷周之变与华夏新生》，广西师范大学出版社2022年版。

李硕：《孔子大历史》，上海人民出版社2019年版。